Gebhard J. Selz

SUMERER UND AKKADER

Geschichte – Gesellschaft – Kultur

Verlag C. H. Beck

*Für Dr. Beate Scheffenegger,
ohne die es mir nicht möglich gewesen wäre,
dieses Buch zu schreiben.*

Mit 18 Abbildungen und 2 Karten

Originalausgabe
© Verlag C. H. Beck oHG, München 2005
Satz: Fotosatz Reinhard Amann, Aichstetten
Druck und Bindung: Druckerei C. H. Beck, Nördlingen
Umschlagabbildung: Der «Donnervogel»
Anzu aus Mari am mittleren Euphrat (27. Jh. v. Chr.).
Land des Baal; Katalog Mainz 1982 (55)
Umschlagentwurf: Uwe Göbel, München
Printed in Germany
ISBN 3 406 508 74 x

www.beck.de

Inhalt

1. **Einführung** 7

2. **Grundlagen** 11
   2.1. Ort und Zeit 11 · 2.2. Lebenswelt und Umwelt. Der historische Hintergrund 13 · 2.3. Probleme der Chronologie – absolute Chronologie 16 · 2.4. Probleme der Chronologie – relative Chronologie 17 · 2.5. Königslisten als chronologische Hilfsmittel 18 · 2.6. Chronologie – von Monat zu Monat 19

3. **Quellen zu Geschichte, Gesellschaft, Kultur** 21
   3.1. «Natur» 21 · 3.2. Materielle Kultur 22 · 3.3. Textzeugnisse als neue Quellengattung 23 · 3.4. Schrifterfindung – vom Bild zur Schrift 23 · 3.5. Zu Inhalt und Deutung der frühen Schriftquellen 26

4. **Geschichte von Sumer und Akkad** 31
   4.1. Der Übergang zum 3. Jahrtausend – die Endphase der Späturuk- und die Dschemdet Nasr-Zeit (ca. 3400–2900) 31 · 4.2. Die frühdynastische Zeit (ca. 2900–2340) 42 · 4.3. Der Staat von Akkad (2340–2200) 63 · 4.4. Die Gudea-Dynastie (2122–2095) 76 · 4.5. Das Reich von Ur III (2112–2004) 87

5. **Geschichte von Sumer und Akkad: Themen – Deutungen – Folgen** 107
   5.1. Technische Neuerungen, ihr Wandel und die Folgen 107 · 5.2. Das geschlossene Weltbild: Natur und Gott 107 · 5.3. Vom mesopotamischen Denken 109 · 5.4. Vom Menschenbild 110 · 5.5. Familienstrukturen 111 · 5.6. Eros und Hochzeit 112 · 5.7. Synthese als Hypothese 114 · 5.8. Wozu Geschichtsschreibung? 115

Anhang 117
Zeittafel 117 · Literaturhinweise 119 · Nachweis von Abbildungen und Zitaten 120 · Register 122

1. Einführung

Niemand entrinnt der Geschichte. Man mag sich zu ihr unterschiedlich verhalten, man kann die Beschäftigung mit Vergangenem für überflüssig ansehen oder ablehnen; jede Gesellschaft und jeder Einzelne hat seine Geschichte. Das Vergangene ist nicht wiederholbar, Manches oder Vieles hat sich verändert im «Fluss der Zeit». Das «Lernen aus der Vergangenheit» ist ein mühevoller und meist – wie die Geschichte deutlich macht – ein misslingender Prozess. Kritik an der Geschichtsschreibung sowie Selbstkritik und Selbstzweifel der Historiker haben viel zu tun mit dem Missbrauch von Geschichtsschreibung für politische Ziele.

Die wissenschaftlich arbeitenden Historiker bemühen sich, das Material der Vergangenheit zu erschließen, zu bewahren und aufzubereiten. Sie erarbeiten ihre Hypothesen nach den Regeln von Verifizierung und Falsifizierung. Geschichtsschreibung sagt nicht «wie es wirklich war» und sie erstellt keine Prognosen. Geschichtsschreibung vermittelt Kenntnisse und Erkenntnisse über den Menschen als kulturschaffendes Wesen; daher ist sie für das Selbstbild unserer Gesellschaften und Individuen entscheidend. Die von der Geschichtsschreibung entworfenen Modelle, das Erinnern, bilden eine Voraussetzung für verantwortliches Handeln – und somit eine Voraussetzung von Mündigkeit. Unter diesen Gesichtspunkten sind gerade zeitlich und räumlich entfernte Gesellschaften von besonderem Interesse. Die an diesen Daten entwickelten Modelle bieten uns besondere Chancen, unsere Handlungsvoraussetzungen und Handlungsmöglichkeiten zu analysieren. Geschichtsschreibung ist eingebunden in den endlosen Prozess aller wissenschaftlich fundierten Aufklärung.

«Der Kampf um eine Synthese» schrieb A. Leo Oppenheim *«ist der Kampf der geführt werden muss, und dieser Kampf müss-*

te als die eigentliche raison d'être [d. i. Daseinsberechtigung des Historikers des Alten Orients] *gelten, selbst wenn es ein Kampf ist, der keinen siegreichen Abschluss findet.*» Und, «*wenn die falschen Fragen gestellt werden, sind die erzielten Antworten ebenfalls falsch oder zumindest irreführend.*»

Die kulturgeschichtliche Bedeutung Mesopotamiens geriet im Laufe der Jahrtausende nie völlig in Vergessenheit; Hinweise in der Bibel oder von antiken Autoren, begründeten einen oft diffusen Nachruhm, überlagert von Nachrichten über die Bedeutung, die das Gebiet zwischen Euphrat und Tigris unter den abbasidischen Kalifen zu Beginn der islamisch geprägten Geschichte (ab 750 n. Chr.) erlangte. Nahezu unbekannt waren die mit dem Namen der Sumerer verbundenen Anfänge mesopotamischer Geschichte; das in Eden – der Steppe – gelegene Land «Sinear» der Bibel war allenfalls ein äußerst vages Erinnerungsbruchstück. In Europa waren die orientalistischen Fächer allgemein und die Altorientalistik im Besonderen lange eingebunden in die christlich-theologischen Disziplinen. Das allgemeine Interesse war zudem geprägt durch das nicht selten feindliche Zusammentreffen mit dem «Orient», bis heute der Inbegriff des «fremden Anderen», faszinierend in romantischer Verklärung wie in kulturimperialistischer Verachtung.

Den Grundstein für die wissenschaftliche Beschäftigung mit der mesopotamischen Geschichte legte die Entzifferung der Keilschrift. Diese Schrift heißt so nach der Form des Keiles, den die mit Hilfe eines Rohrgriffels in den weichen Ton eingedrückten Linien annehmen. Schrifterfindung ist gewiss nicht die Voraussetzung für Geschichtsschreibung. Die Schrift verbessert jedoch unsere Quellenlage erheblich. Sie wurde nämlich – wie noch zu erläutern sein wird – erfunden aus dem Bedürfnis heraus, möglichst präzise Informationen über die natürlichen Grenzen von Raum und Zeit hinweg zu übermitteln. In dieser Zweckmäßigkeit unterscheidet sich Schrift von anderen Zeichen- oder Symbolsystemen, auch wenn diese zum Teil durchaus ähnliche Anwendung fanden. Die mit der Schrifterfindung in Mesopotamien einhergehende Systematisierung der Zeichen erlaubte eine Eingrenzung des Bedeuteten oder eine Präzisierung von Nachrichten und veränderte und ergänzte dadurch den Charakter unserer Quellen.

Mit der Entzifferung der altpersischen Keilschrift durch den Göttinger Lehrer Georg Friedrich Grotefend im Jahre 1802 wurden der Forschung Quellen aus einer mehr als dreitausendjährigen schriftlichen Tradition zugänglich. Im Jahre 1850 gelang dann, auch aufgrund der dreisprachigen Inschrift bei Bisutun bei Kermanschah in Iran, nach der Deutung des altpersischen und elamischen Teils auch eine Übersetzung des in akkadischer Sprache verfassten Textes. Ereignisse, die bisher nur aus der biblischen oder klassischen Tradition bekannt waren, konnten nunmehr anhand authentischer Quellen diskutiert und rekonstruiert werden. Während die Erschließung des zur semitischen Sprachgruppe gehörenden Akkadischen und seiner Hauptdialekte, des Assyrischen und Babylonischen, rasche Fortschritte machte, war die Existenz einer weiteren Sprache, die zunächst in Schreibungen von Eigennamen, bald aber auch in zweisprachigen Wörterbüchern aus Ninive, bekannt wurde, lange umstritten. 1869 wurde zwar von Jules Oppert erstmals der Terminus «Sumerisch» gebraucht, dessen korrekte Verwendung wurde aber erst zwanzig Jahre später bewiesen. Trotz struktureller Beziehungen zum Elamischen oder zum Ural-altaischen oder den drawidischen Sprachen Indiens gelang es bis heute nicht, für das Sumerische eine echte Sprachverwandtschaft festzustellen. Gegen Ende des 19. Jh. förderten Grabungen in der Residenzstadt des alten südmesopotamischen Staates Lagasch, Girsu, in großem Umfang sumerische Originaldokumente aus der zweiten Hälfte des 3. Jahrtausends v. Chr. zu Tage. Und obwohl noch heute hinsichtlich des Sumerischen in Grammatik und Lexikologie manche Unklarheit herrscht, hatte sich mit den Übersetzungen, die François Thureau-Dangin im Jahre 1907 unter dem Titel *Die Sumerischen und Akkadischen Königsinschriften* vorlegte, die wissenschaftliche Erschließung von Texten in dieser Sprache fest etabliert. Das Sumerische und Akkadische ist auf einer in die Hunderttausende gehende Zahl von Tontafeln, darunter eine Fülle an erzählender und hymnischer Literatur, überliefert. Zusammen mit anderen Funden dokumentieren diese in gebranntem Zustand nahezu unverwüstlichen Texte in unvergleichlicher Weise die Fundamente unserer Kultur.

Trotz aller Überlieferungs- und Forschungslücken ist daher die Geschichte des 3. Jahrtausends von größter Bedeutung. Es werden Veränderungen und Entwicklungen, die nicht nur die mesopotamische Geschichte, sondern über die unterschiedlichsten Überlieferungsströme auch die Geschichte Vorderasiens und Europas entscheidend prägten, genauer fassbar, auch wenn eine Ereignisgeschichte nur punktuell geschrieben werden kann. Daraus ergibt sich auch eine unterschiedliche Dichte der Darstellung im folgenden Text. Historische Quellen im engeren Sinn, die eine genauere Datierung von Ereignissen und die Namen der vermeintlichen oder vorgeblichen Entscheidungsträger nennen, finden sich vermehrt erst gegen Ende des hier behandelten Zeitraumes. Nachfolgend soll aber auch ein Eindruck vermittelt werden von der Formkraft und zugleich von der Fremdheit dieser Kulturen. Das Handeln der Menschen vollzieht sich in diesem Zeitraum immer weniger als ausschließlich anpassende Reaktion auf «natürliche» Gegebenheiten. In der Lebenswelt der Mesopotamier entstanden um diese Zeit durch fortschreitende Spezialisierungen gesellschaftliche Teilbereiche mit beträchtlicher Rückwirkung auf die Lebensumstände des Einzelnen: Herrschafts- und Arbeitsorganisation, Wirtschaft und Verwaltung, Technologie und Eigentumsverfassung verändern in wechselseitiger Wirkung Gesellschaft und «Natur». Bekanntlich wurden viele unserer Schubfächer, die wir üblicherweise zur deutenden Ordnung geschichtlicher Daten verwenden, wie «Religion», «Kunst» oder «Natur», «Zufall» oder «Wissenschaft», «Staat» oder «Volk», erst nach und nach heraus gebildet. Somit dient die Beschäftigung mit Geschichte auch dem besseren Verständnis der heutigen Lebenswelten. Der Geschichte nämlich kann niemand entkommen.

2. Grundlagen

2.1. Ort und Zeit

Geografisch liegt der Gegenstand dieses Buches in jener Region Mesopotamiens, die gemeinhin nach der altberühmten Stadt Babylon «Babylonien» genannt wird. Da Babylon und Babylonien erst im 2. Jahrtausend v. Chr. – vor allem durch König Hammurapi – ihre nachmalige Berühmtheit erlangten, verwenden wir, da unser Interesse den vorausgehenden Epochen der altorientalischen Geschichte gilt, für dieses Gebiet besser die aus der Keilschrift stammende Bezeichnung der «*Länder von Sumer und Akkad*». Es handelt sich um jenen Teil der irakischen Schwemmlandebene – etwa von der heutigen Hauptstadt Bagdad bis zum Golf –, der nordöstlich von den Gebirgszügen des Zagros und südwestlich von den trockenen Weiten der arabischen Halbinsel begrenzt wird. Die Golfküste ist dabei durch Marschen geprägt und dürfte sich seit dem Altertum durch fortschreitende Ablagerung von Flusssedimenten weiter nach Südosten vorgeschoben haben. In dem Zeitraum, den wir im Folgenden betrachten, ist auch das Gebiet am Fluss Dijāla, der südlich Bagdads in den Tigris mündet von einiger Bedeutung. Das Gebiet von «Sumer und Akkad» umfasst somit nur einen Teil des «Gebietes zwischen den Flüssen» Euphrat und Tigris, d. i. Mesopotamiens, das sich bis in die südöstliche Türkei und in den Nordosten des heutigen Syrien erstreckt. Insgesamt ist die geografische Lage Mesopotamiens sehr viel weniger isoliert als etwa die Ägyptens, ein Faktum, das die Geschichte über Jahrtausende bestimmte. Erst in den letzten Jahrzehnten trat durch intensivierte Ausgrabungen die kulturelle Bedeutung des syrisch-irakischen Obermesopotamien deutlicher zu Tage.

Von großer Bedeutung für die räumliche Gliederung Mesopotamiens sind die klimatischen Schwankungen unterworfenen Niederschlagsmengen: In Gebieten, die dauerhaft unter 200 Millimeter jährlicher Niederschlagsmenge liegen, ist der Anbau von Kulturpflanzen nur in der Nähe von natürlichen Wasserläufen oder durch künstliche Bewässerung möglich. Für die Landwirtschaft in der südmesopotamischen, potenziell fruchtbaren Schwemmlandebene zeigt sich eine Reihe von weiteren Problemen. Diese haben, etwa im Vergleich zum Alten Ägypten, verstärkte Anforderungen an die Bewässerungstechnologie gestellt. So traf die Frühjahrshochflut der Flüsse für den jahreszeitlichen Anbau-Zyklus zu spät ein und stellte in vielen Fällen sogar eine Bedrohung der Ernte dar. Zudem resultierte aus kontinuierlicher Bewässerung oft eine Versalzung der Anbauflächen, die man schon früh durch Auswaschen des Salzes mit Flusswasser einzudämmen suchte. Vor diesem Hintergrund wird eine der ältesten erhaltenen Fluchformeln verständlich, in der dem potenziellen Übeltäter angedroht wird, der Gott *«Enlil möge in seinen Ackerfurchen Salz sprießen lassen»*. Die Versalzungsgefahr, ebenso wie die Gefahr der Übernutzung, zwang zu einer Brachenwirtschaft, bei der auf bestimmten Flächen der Anbau für eine gewisse Zeit zur Regeneration des Bodens eingestellt wurde.

Der Fruchtbarkeit des Schwemmlandes entspricht auf der anderen Seite ein fast völliger Mangel an Bodenschätzen. «Schilf und Lehm» sind jene allgegenwärtigen Naturmaterialien, die die Lebenswelt in Südmesopotamien dominierten und die vielfältig genutzt wurden. Pechquellen – etwa bei dem heutigen Hīt unweit von Bagdad – lieferten den als Binde- und Dichtungsmittel verwendeten Asphalt. Steine und Metalle mussten hingegen fast ausnahmslos nach Südmesopotamien importiert werden. Dies galt in erheblichem Maße auch für Bauholz, insbesondere für die unter anderem als Dachtraversen benötigten Zedern; für deren Import kam zunächst dem Zagros, später den syrischen Gebirgszügen des Amanus und des Libanon eine große Bedeutung zu, wie die Inschriften zahlreicher Herrscher und die erzählende Literatur vielfach belegen.

Doch pflegten «Sumer und Akkad» nicht nur traditionell Wirtschafts- und Kulturbeziehungen in die Golfregion, sondern auch in die heutige südwestliche iranische Provinz Huzestan und darüber hinaus. Neuere Forschungen erweisen zunehmend den Stellenwert des Austauschs zwischen Südmesopotamien und jenem als «Susiana» bekannten Gebiet um die alte Hauptstadt Susa im heutigen Iran. Für den Warenverkehr benutzte man sowohl den Wasserweg über die südmesopotamischen Marschen und den Karun-Fluss als auch den Landweg durch die Gebirgstäler des Zagros. In unseren Quellen erscheint, allerdings ohne deutlich bestimmbare territoriale Begrenzung, jenes süd-westiranische Gebiet unter der Bezeichnung «Elam».

2.2. Lebenswelt und Umwelt
Der historische Hintergrund

Jahrtausende lang war der Vordere Orient – Bindeglied zwischen Asien, Afrika und Europa – eine kulturell äußerst dynamische Region. Neben dieser Eigenschaft als Kontaktzone hat man auch in der Vielfalt der Landschaftsstruktur und der damit einhergehenden Vielfalt von Natur und Lebensbedingungen mit ihren unterschiedlichen ökologischen Nischen einen Anstoß für kulturelle Entwicklungsprozesse vermutet. Hier setzten um 15 000 v. Chr. jene Veränderungen des Ansiedlungsverhaltens und der Nahrungsmittelgewinnung – beides sicherlich zusammenhängend – ein, die den Anfang jenes Prozesses darstellen, den wir als neolithische Revolution bezeichnen. Die Domestikation von Pflanzen und Tieren und der Übergang von saisonal genutzten Wohnstätten zu dauerhaften Siedlungen führten etwa um 8000 v. Chr. zu dauerhafter Sesshaftigkeit der Bevölkerung. Mit den neuen Methoden der Nahrungsgewinnung einher geht die serielle Erzeugung von Werkzeugen aus (Feuer-)Stein. All dies setzte Planung voraus, die sich wohl am deutlichsten im Aufkommen der Vorratswirtschaft zeigt, die alle Sesshaftigkeit zu begleiten scheint. Großsiedlungen für mehrere 1000 Personen sind in dieser Epoche im palästinensisch-jordanischen Raum mehrfach nachgewiesen; allerdings sollte man sie nicht als *Stadt* bezeichnen. Weder Befestigung, Türme oder Mauern, noch die Größe einer Siedlung allein ist für eine solche Bestimmung ausreichend. Entscheidend ist vielmehr eine organisatorische Gliederung der Gesellschaft, für die wir im konkreten Fall aber keine Anzeichen haben. Die entstehende Vorratswirtschaft scheint eng verbunden mit einer fortschreitenden Spezialisierung – zunächst möglicherweise im Familienverband. Die Voraussetzung dafür ist eine gewisse Sicherheit in der Nahrungsmittelproduktion und vor allem die Erwirtschaftung von Überschüssen, denn nur dadurch wird der Abzug von Arbeitskraft aus den im engeren Sinne produktiven Bereichen möglich. Die Vermutung, dass sich eine solche Spezialisierung zunehmend in einer sozialen Differenzierung auswirkt, liegt auf der Hand, bleibt aber im Einzelnen archäologisch schwer nachweisbar. Gleiches gilt für die Herausbildung von Formen institutionalisierter Macht.

Eines der eindrucksvollsten Ausgrabungsgebiete der nun einsetzenden ‹keramischen Jungsteinzeit› ist das großflächig aufgedeckte Çatal Hüyük in Zentralanatolien. In den terrassenförmig angelegten Häusern gruppieren sich die Räume um einen Zentralraum, der oft mit figürlichem und halbplastischem Wandschmuck ausgestattet ist und üblicherweise als *Kultplatz* gedeutet wird. An dessen Wänden befanden sich Lehmplattformen, unter denen die Knochen von Toten beigesetzt waren. Die aufgefundenen Stempelsiegel sind die ältesten ihrer Art. Die Verwendung von Siegeln markiert «differenzierte Verantwortlichkeit» in wirtschaftlichen Prozessen, lässt aber nicht unbedingt auf Eigentum im modernen Sinn schließen. Der wirtschaftliche Kontext der Siegelverwendung wird bestätigt durch im entsprechenden Kontext gefundene, kleinere geometrische Gegenstände aus Ton. Dabei handelt es sich um «Zählmarken» oder «Zählsteine». Zu deuten ist der Befund als Anzeichen für eine Lagerhaltung und kontrollierte Bewegung von Gütern, und er liefert somit einen Hinweis auf eine bereits recht komplexe Wirtschaftsstruktur in dieser Zeit.

Die anschließende so genannte Kupfersteinzeit, die von ca. 6000–5000 v. Chr. dauerte, trägt ihren Namen aufgrund der Tatsache, dass erstmals neben Steinmaterial auch Metalle als Rohstoff Verwendung finden. Nun werden auch die großen

Ebenen Südmesopotamiens, Syriens und Huzestans in das «mesopotamische» Siedlungsgebiet einbezogen. Anhand von Keramik und anderen Überresten – Siegel, Amulette, Figurinen und Hausformen – lassen sich regionale Kulturen bestimmen wie etwa die «Samarra-Hassuna-Kultur», die von dem syrisch-irakischen Euphrat-Gebiet über Mossul bis in die iranischen Zagrosketten reicht, oder die «Halaf-Kultur», die sich über ganz Syrien, weiter über Ostanatolien bis an den Tigris erstreckt. Gemeinsam ist beiden, dass wir in der Architektur eine durch Größe oder Lage von Bauten hervorgehobene Elite bisher nicht nachweisen können. Die Nahrungsmittel-Produktion im Ackerbau hat sich als vorrangige Technik der Existenzsicherung zu diesem Zeitpunkt endgültig durchgesetzt. Am mittleren Euphrat, im zeitgleichen so genannten «Eridu-Hadschi Mohammed-Horizont», finden sich erste durch künstlich angelegte Kanäle bewässerte Felder und Gärten.

Das Verbreitungsgebiet jener Kulturschicht, die nach einer südbabylonischen Fundstätte «Obed-Horizont» genannt wird, umfasst Süd- und Nordmesopotamien, aber auch syrische und ostanatolische Räume. Zeitlich erstreckt sie sich über das ganze 5. Jahrtausend. Mehreren Siedlungen ist nun ein Ort mit zentralörtlichen Aufgaben vorgeordnet. Architektonisch findet sich in dieser Zeit als Leitform erstmals das sog. «Mittelsaalhaus»: Darin ordnen sich um einen langrechteckigen Zentralraum auf beiden Längsseiten unregelmäßige Raumtrakte. Die innerörtliche Gliederung zeigt «Tempel», die auf einer künstlichen Aufschüttung erhöht liegen, so etwa im südmesopotamischen Eridu oder im südwestiranischen Susa. Unbezweifelbar scheint, dass sich hier eine politisch-kultische Führungsschicht herausgebildet hatte, deren Aufgaben und Organisation wir freilich nicht kennen.

Die in einem Tiefenschnitt im südbabylonischen Uruk beobachtete Schichtenfolge liefert das chronologische Gerüst für die Frühzeit der mesopotamischen Geschichte. Der dort auf die Obed-Zeit folgenden Uruk-Zeit entspricht in absoluten Zahlen etwa das ganze 4. Jahrtausend. Der Übergang zwischen beiden Perioden zeigt sich zunächst bei den Keramikfunden: Auf der damals eingeführten schnell drehenden Töpferscheibe werden zumeist unverzierte Gefäße hergestellt. Klimatisch war diese Zeit durch zunehmende Trockenheit und ökologisch durch einen Rückgang des Sumpflandes gekennzeichnet. Von besonderem Interesse sind die letzten Jahrhunderte – die so genannte Späturuk-Zeit. Hier finden sich Zeugnisse einer vielgestaltigen und reichen Kultur, die inzwischen in einem sehr großen Gebiet von Nordsyrien, Ostanatolien und ganz Mesopotamien bis in den Westiran hinein nachgewiesen werden konnte. Das dafür geprägte Schlagwort vom «Uruk-Weltsystem» wird jedoch einem detaillierten Befund kaum gerecht. Fest steht immerhin, dass die Uruk-Kultur aufgrund ihrer historischen Vorreiterrolle für kulturelle Entwicklung in Mesopotamien prägend gewesen ist.

2.3. Probleme der Chronologie – absolute Chronologie

Die Fülle der materiellen Hinterlassenschaft und nicht zuletzt die langsam einsetzende schriftliche Überlieferung erlauben bessere geschichtliche Rekonstruktionen, auch wenn wir noch weit davon entfernt sind eine Ereignisgeschichte zu schreiben. Undeutlich bleiben die Übergänge von der Späturuk-Zeit (3400–3100) zu jener Periode, die nach einem namengebenden Fundort in Zentralmesopotamien auch als Dschemdet Nasr-Zeit (3100–2900) bezeichnet wird. Damit stehen wir am Beginn des 3. Jahrtausends. An dieser Stelle sei darauf hingewiesen, dass absolute Daten für das 3. mehr noch als für das 2. Jahrtausend bestenfalls Näherungswerte darstellen. Vereinfacht gesprochen konkurrieren miteinander derzeit drei oder vier chronologische Systeme, die so genannte lange, mittlere und kurze, bzw. ultrakurze Chronologie. Die Abweichungen werden an der Datierung folgender bedeutender Herrscher deutlich:

Chronologie:	Lang	Mittel	Kurz	Ultrakurz
Sargon:	?	– 2334–2279 –	?	– 2200–2145
Ur-Namma:	2161–2144	– 2112–2095	– 2046–2029	– 2018–2001
Hammurapi:	1848–1805	– 1792–1750	– 1728–1686	– 1696–1654

Derzeit ist es üblich, absolute Daten nach der mittleren Chronologie anzugeben, einem Brauch, dem wir – trotz mancher Bedenken – auch in diesem Band folgen.

2.4. Probleme der Chronologie – relative Chronologie

Für die relative Chronologie einzelner Ereignisse kommen uns in einigen Fällen die zeitgenössischen Urkunden zu Hilfe. Die entsprechende Quellenlage verbessert sich im Laufe des 3. Jahrtausends erheblich. Es finden sich – wie in der mesopotamischen Geschichte überhaupt – zwei Arten von Datierungen:

a) Man benannte einzelne Jahre nach einem bestimmten Ereignis von ziviler oder militärischer Bedeutung, wie die folgenden Beispiele verdeutlichen:

[1] «*Damals haben Enmetena, der Fürst von Lagasch und Lugalkineschdudu, der Fürst von Uruk Bruderschaft geschlossen*»

[2] «*In diesem Jahr hat (Uru-inimgina /Iri-KA-gina) den Kleinen Kanal, den (der Ort) Girsu hat, für (den Gott) Ningirsu ‹ausgehackt›.*»

[3] «*Jahr: Naram-Sîn erreichte die Quellen von Euphrat und Tigris ....*»

[4] «*Jahr: Schulgi (wurde) König.*»

In Tafeln aus dem spätfrühdynastischen Fāra (ca. 2500 v. Chr.) wird dagegen die Amtsperiode (sumerisch *bala*) eines namentlich genannten Funktionärs erwähnt, unter dem die Urkunde ausgefertigt wurde.

b) In manchen Archiven war auch die Zählung nach den Amtsjahren eines Herrschers oder eines hohen Funktionärs üblich. Die Aufeinanderfolge der Herrscher kann im günstigen Falle durch Verwandtschaftsangaben in ihren Inschriften nachvollzogen werden. Folgendes Beispiel stammt aus dem Staat Lagasch am Ausgang der frühdynastischen Zeit:

«*Enmetena, der Fürst von Lagasch ... das Kind (Sohn) des Enanatum, des Fürsten von Lagasch, (dieser) der Enkel des Ur-Nansche, des Königs von Lagasch*».

Diese listenartige Überlieferung umfasst demnach vier Generationen, bis hinauf zu jenem Herrscher Ur-Nansche, der das Herrschergeschlecht und wohl auch den Staat von Lagasch (die sog. Lagasch I-Dynastie) begründete. Es ist bereits an dieser Stelle darauf hinzuweisen, dass die auf männlicher Erbfolge beruhenden Genealogien erst relativ spät – d. h. am Ende der frühdynastischen Zeit – bezeugt sind. Es gibt Hinweise dafür, dass sie ein älteres Verfahren ergänzten oder ersetzten, wonach der Nachfolge in weiblicher Linie eine besondere Bedeutung zukam.

2.5. Königslisten als chronologische Hilfsmittel

Besonders problematisch bleiben Jahresangaben für die erste Hälfte des 3. Jahrtausends. Auch der Übergang von der altakkadischen zur neusumerischen Ur III-Zeit ist in chronologischer Hinsicht problematisch. Wichtig sind hier die Synchronismen, d. h. die durch Texte bezeugte Gleichzeitigkeit bestimmter Personen. Gelegentlich müssen wir für unsere chronologischen Rekonstruktionsversuche aber auch auf die sekundären Quellen der einheimischen «Königslisten» zurückgreifen. Sie entstanden während der Ur III-Zeit um 2000 v. Chr. und nennen viele, auch historisch bezeugte Herrscher und deren Regierungsdaten. Die Liste zerfällt in zwei Teile:

Der erste Teil beginnt mit dem Satz: «*Als das Königtum vom Himmel herunterkam, war das Königtum in (der Stadt) Eridu.*» In der Folge werden die Städte und deren Könige mit unglaublich langen Regierungszahlen genannt. Der Text summiert dann: «*5 Städte, 8 Könige herrschten 241 200 Jahre.*» Diese phantastischen Zahlen verweisen auf einen religiös-mythischen, nicht menschlichen Ursprung des Entstehens von Herrschaftsverhältnissen.

Der zweite Teil der Liste ist vom vorausgegangenen durch folgenden Vermerk abgetrennt: «*Die ‹Flut› wälzte sich (über das Land); nachdem sich die ‹Flut› (über das Land) gewälzt hatte, als das Königtum vom Himmel heruntergekommen war, war das Königtum in (der Stadt) Kisch.*»

Gegen Ende dieser sog. I. Dynastie von Kisch (um 2550 v. Chr.)

findet sich in der Liste mit einem König En-me(n)-baragesi ein Herrscher, von dem oft angenommen wird, er sei identisch mit dem durch eine Originalinschrift bezeugten «*ME-baragesi, König von Kisch*». Die Reihe der Könige von Kisch endet dann mit dem Vermerk: «*23 Könige regierten 24 510 Jahre, 3 Monate und 3 1/2 Tage; Kisch wurde mit der Waffe geschlagen, sein Königtum wurde nach (dem Tempelbezirk) E'ana (in Uruk) verbracht.*»

Ähnlich wird nun immer wieder der Herrschaftsübergang von einer Stadt zur anderen beschrieben, wobei die Regierungszeiten immer realistischer scheinen. Dabei behauptet die Liste die Ablösung und damit die Aufeinanderfolge von ‹Dynastien› verschiedener Städte, die in Wirklichkeit zur gleichen Zeit herrschten, denn mehr und mehr finden sich die in der Liste genannten Namen jetzt auch in zeitgenössischen historischen Inschriften. Wir wissen, dass sich hinter dieser Fiktion eine spätere Absicht ihrer Schöpfer verbirgt – sie wollten auf diese Weise eine angeblich seit Urzeiten bestehende «Reichseinheit» von Sumer und Akkad propagieren.

2.6. Chronologie – von Monat zu Monat

Monatsangaben konnten ebenfalls durch die Angabe der Monatszahl im Jahreskreis oder durch einen Monatsnamen erfolgen, der mit entsprechenden Festen oder landwirtschaftlichen Tätigkeiten verbunden war. Dabei handelt es sich bis ins späte 3. Jahrtausend um regionale Kalender. Bereits zur Späturuk-Zeit um 3400–3100 v. Chr. war im Verwaltungsbereich der ursprünglich auf einem Mondzyklus beruhende Kalender für Buchhaltungszwecke durch einen leichter zu handhabenden Kalender von 12 Monaten à 30 Tagen ersetzt worden. Die sich daraus ergebenden Verschiebungen zum Sonnenjahr und den damit verbundenen Monatsfesten wurden schon früh durch einen unregelmäßigen Einschub von Schaltmonaten zu korrigieren versucht. Der Monat selbst wurde durch Tages- und Festperiodisierung und gewiss auch durch die Beobachtungen der Mondphasen gegliedert.

Insgesamt ergibt sich für die interne Chronologie des 3. Jahrtausends, dass wir die Ereignisse oft von Tag zu Tag und Monat zu Monat genau beschreiben können, während die absolute Bestimmung des Jahres oder auch nur des Jahrzehnts keineswegs gesichert ist. Immerhin treten im 3. Jahrtausend neben die archäologischen Überreste erstmals gleichzeitig entstandene Schriftzeugnisse, und zwar in zunehmender Zahl. Diese Veränderung der Quellenlage ist der Hauptgrund für die unterschiedliche Darstellungsdichte in den nachfolgenden Kapiteln. Durch die Schrift werden Veränderungen und Entwicklungen, die nicht nur die mesopotamische Geschichte, sondern auch die Geschichte Vorderasiens und Europas entscheidend prägten, genauer fassbar.

3. Quellen zu Geschichte, Gesellschaft, Kultur

3.1. «Natur»

Die Umweltbedingungen, die Ökologie oder das «System der Natur» sind eine wichtige, wenn auch schwer zu bewertende Quelle aller geschichtlichen Rekonstruktionen. In unserem Zeitraum muss man zunehmende Wasserknappheit, wohl auch klimatische Abkühlung, vielleicht sogar Katastrophen wie Vulkanausbrüche oder Flutwellen in Rechnung stellen, wobei die Forschung hier noch am Anfang steht. Die «Natur» selbst ist aber in großem Maße durch den Menschen gestaltet. Die Regenfeldbaugrenze erweist sich seit der Entstehung der frühen Staaten am Ausgang des 4. Jahrtausends immer wieder auch als politisch-kulturelle Grenze. Im Unterschied zum bewässerungsabhängigen Süden mit seinem Reichtum an Fischen ermöglicht der Raum Nordmesopotamiens und Nordsyriens neben dem Regenfeldbau auch den Nomadismus, das saisonale Wandern der Menschen mit Schafen und Ziegen. Die verschiedensten Techniken in Kanalbau, Ackerbau und Viehzucht, entwickeln sich nicht nur in Abhängigkeit von den natürlichen Gegebenheiten, sondern wirken auch auf die «Natur» selbst zurück.

Die Bewohner der verschiedenen Gebiete haben im Laufe vieler Jahrhunderte unterschiedliche Antworten auf die Umweltanforderungen gefunden – die Ausgestaltung sozialer und kultureller Systeme ist ein langfristiger Prozess. Solche Unterschiede können wir in Zentral- und Südmesopotamien über die Jahrtausende altorientalischer Überlieferung hinweg immer wieder wahrnehmen. Ob aber für die Geschichte des 3. Jahrtausends eine grundsätzliche Unterscheidung zwischen «sumerischer» und «akkadischer» Kultur, oder gar zwischen den diese Kulturen angeblich tragenden Völkern, hilfreich ist, ist zu bezweifeln. Es handelt sich doch eher um unterschiedliche Antworten der Menschen auf Überlebensfragen, die langfristig diese verschiedenen Kulturen hervorbrachten. Die Verwendung von Begriffen wie «Sumerer» und «Akkader», die wir im nachfolgenden nicht völlig vermeiden können, hat demnach wenig mit unterschiedlichen Qualitäten einer spezifisch «sumerischen» bzw. «akkadischen» «Mentalität» zu tun. Sie greift lediglich die sich in unseren Quellen findende Gliederung des späteren Babyloniens in die *Länder von Sumer und Akkad* auf und meint Siedlungsgebiete von Gruppen unterschiedlicher Sprache und mit teilweise unterschiedlichen sozialen Organisationsformen.

3.2. Materielle Kultur

Archäologische Funde stellen eine wichtige Quellengruppe für die geschichtliche Rekonstruktion einer Gesellschaft dar; dies gilt umso mehr, je weniger man sich auf Fragen nach der gesellschaftlichen Elite beschränkt. Anlage von Städten, innerstädtische Bereichsgliederung, Verwendung von Gebrauchskeramik, Produktionsstätten, feste Installationen – etwa Wasserbauwerke oder Arbeiterlager – geben Nachrichten von jenem Großteil der Bevölkerung, der so oft im Dunkel der Geschichtsschreibung verbleibt. Aus diesem Grunde untersuchte man vor vielen Jahrzehnten die Wohnbebauung im Dijāla-Gebiet, ein erster Anfang, der im nordmesopotamischen Bereich in jüngerer Zeit durch ähnliche Forschungen erweitert wurde. Für Südmesopotamien ist der vorliegende Befund bislang eher enttäuschend. Selbst in großflächig ausgegrabenen städtischen Siedlungen hat man in dieser Hinsicht kaum nennenswerte Ergebnisse erzielt. Dies hat mehrere Gründe: Zum einen interessierte sich eine konventionelle Archäologie vor allem für die fundreicheren «Tempel und Paläste», zum anderen wurden Ausgrabungen bisweilen nicht sachgerecht durchgeführt oder schlecht dokumentiert. Leider steht auch nicht zu erwarten, dass sich die Quellenlage in nächster Zeit verbessert. Im Zuge der Besetzung des Irak wurden gerade im Süden des Landes viele bedeutende sumerische Siedlungen von organisierten Banden geplündert und dauerhaft zerstört.

3.3. Textzeugnisse als neue Quellengattung

Um die Wende vom 4. zum 3. Jahrtausend tritt neben die archäologischen Überreste eine völlig neue Art von Quellen – die Schriftzeugnisse. Es ist jedoch kein Zufall, dass noch über Jahrhunderte hinweg die Namen der geschichtlich Handelnden unbekannt bleiben. Schrift ist ein komplexes, sich entwickelndes und keinesfalls einheitliches System. Eine Aufteilung unserer Quellen in eine materielle und schriftliche Hinterlassenschaft ist sehr fragwürdig. Auch schriftliche Quellen sind funktionsgebunden, entstehen aus einer bestimmten Absicht heraus, und betreffen immer nur einen kleinen Sektor der geschichtlich interessanten Lebenswelt. Auch dann, wenn im Laufe des 3. Jahrtausends die schriftlichen Quellen Namen und Ereignisse nennen, ändert sich hier nicht viel: Was in diesen Quellen zum Ausdruck kommt, betrifft fast immer den Bereich der Macht. Den affirmativen Charakter dieser Quellen, der das Bestehende voraussetzt und bestätigt, muss man immer in Rechnung stellen: Die Auftraggeber gehören zur Oberschicht.

3.4. Schrifterfindung – vom Bild zur Schrift

Anders als etwa bei den alteuropäischen Schriften der nach dem nahe Belgrad befindlichen Fundort so genannten Vinca-Zivilisation aus dem 6. bis 4. Jahrtausend oder bei den prädynastischen

Abb. 1: Rollsiegel mit Herrscher, Opfern und Kultgerät

Abb. 2: Frühe Schriftzeichen und Zählmarken mit gesiegelter Tonkugel

ägyptischen Symbolsystemen aus dem Königsgrab des Pharao U-j, ist die Entwicklung der Schrift in Mesopotamien seit den vorschriftlichen Zeugnissen nahezu lückenlos dokumentiert. Vorformen der Schrift erscheinen zunächst im Rahmen bildlicher – repräsentierender – Symbolsysteme und im Bereich der Verwaltung. Zählmarken und zunächst eher abstrakte «Bildzeichen», die dann auch die Form von Gegenständen abbilden konnten, verbinden sich mit einer speziellen Siegelform, den so genannten Rollsiegeln. Diese zumeist aus Stein hergestellten, reliefierten Zylinder bieten erweiterte Darstellungsmöglichkeiten – sie können «erzählen». Die Zeitgenossen erkannten, dass man die Anzahl der Zählmarken in einen flachgepressten Klumpen Ton eindrücken konnte. Als man dann die Verantwortlichkeit für solche Einträge mit Abrollungen von Siegeln markierte, hatte man eine Vorform der Schrift auf «Tontafeln» geschaffen, die aus Zahlen und Bildinformationen bestanden. Eine Sonderform dieser Vorläufer der Schrift, die noch bis ins 2. Jahrtausend hinein in Gebrauch war, stellte der Einschluss solcher Zählmarken in sphärischen Tonkugeln dar. Dabei wurde Anzahl und Art der Marken auf die Außenseite dieser Kugeln geschrieben und deren Unversehrtheit zudem durch Abrollung von Siegeln garantiert. Diese Sicherung der gespeicherten Informationen schützte vor unbefugten Eingriffen. Die Annahme, dass die erwähnten Schriftvorformen und Rollsiegel in der südmesopotamischen Stadt Uruk entwickelt wurden, hat man unlängst unter

✚	MAŠ	Ziege (all.: Kleintier)
✚	MAŠ.*gunû*	männliche Ziege
✚◇	MAŠ + ŠIR (Hoden)	Ziegenbock
⊕ ⊕	LAGAB x MAŠ = udu	Schaf (‹rundes› Kleintier)
⊠	LAGAB.*gunû* + Euter	weibliche Ziege
⊕◇	UDU + ŠIR (Hoden)	Schafbock
⊕	UDU.*gunû* = u_8	Mutterschaf; eigentl. trächtiges Schaf
⊙	LAGABxLAGAB = $sila_4$	Lamm
⊙∽	$SILA_4$ + ŠIR (Hoden)	männliches Lamm
⊙▷	$SILA_4$ + SAL (Vulva) = kir_{11}	weibliches Lamm

Abb. 3: Ausformung der Schriftzeichen für Kleintiere

Hinweis auf ähnliche, möglicherweise sogar ältere Befunde aus der südwestiranischen Stadt Susa in Zweifel gezogen. Die frühe Schrift selbst, durch einige hundert Texte aus Uruk belegt, tritt ohne weitere Entwicklungsschritte als komplexes System der Informationsspeicherung auf. Kombinationen und Rückbezüglichkeit einzelner Zeichenelemente erweisen die Schrift nunmehr als eigenständiges Symbolsystem, das sich von anderen bildlichen Systemen zunehmend entfernt.

Die noch immer weit verbreitete Annahme, dass sich die Schrift aus ursprünglich abbildenden Zeichen entwickelte, in der etwa die Skizze eines Schafes «piktographisch» für die «Idee» eines Schafes gestanden habe, kann nicht mehr aufrecht erhalten werden. Bereits bei den Schriftvorformen finden wir zuerst «abstrakte», nicht aber konkrete Gegenstände abbildende Zählmarken; zu ihrem Verständnis scheint von Anfang an eine gewisse «Überlieferungstreue» unabdingbar.

Die Entstehung dieser Schrift im Bereich der Wirtschaftsverwaltung der Späturuk-Zeit (3400–3100) unterliegt dem Erfordernis, Nachrichten über die Grenzen von Raum und Zeit möglichst präzise zu übermitteln. Nicht relevant – und vielleicht sogar unerwünscht – war zunächst die Fixierung von Sprache. Tendenziell konnte die Uruk-Schrift daher – wie dies auch für die chinesisch-japanischen Schriftzeichen gilt – von den Sprechern unterschiedlichster Sprachen gelesen werden. Zu dem Zeitpunkt, an dem es, vor allem zur eindeutigen Identifizierung von Namen, wünschenswert wurde, die Aussprache von Zeichen zu fixieren, wurden den Ideogrammen zur Aussprachehilfe bestimmte Zeichen mit einem (im Sumerischen) besonders häufigen Silbenwert hinzugefügt.

Die oft gestellte Frage, wer diese frühe Schrift erfunden habe, lässt sich nicht eindeutig beantworten. Die Schrifttradition, vor allem die kontinuierliche Überlieferung der lexikalischen Listen, sprechen dafür, dass die in Südmesopotamien zu einem unbekannten Zeitpunkt eingewanderten «Sumerer» zumindest beteiligt waren. Allerdings wurden in Mesopotamien immer mehrere Sprachen nebeneinander gesprochen. Unter den Ortsnamen und bei Fachbegriffen finden sich viele Wörter unbekannter Herkunft.

Bei der erstmals als notwendig empfundenen lautlichen Wiedergabe von Sprache durch die Schrift, spielte das Semitische, insbesondere das frühe Altakkadische und seine Dialekte eine große Rolle. Semitische Namen tragen bemerkenswerterweise auch die ältesten uns namentlich bekannten Schreiber in den Texten aus Abu Salabich, kurz vor der Mitte des 3. Jahrtausends.

3.5. Zu Inhalt und Deutung der frühen Schriftquellen

Die Späturuk-Zeit und Dschemdet Nasr Zeit (ca. 3400–2900): Die große Mehrzahl der knapp 600 Texte der frühen Uruk-Schriftstufen sind Unterlagen der Verwaltung (ca. 85 Prozent). Sie zeigen ein kompliziertes System von Flächen- und Hohlmaßen sowie Zeitnotationen. Gegenstand dieser Urkunden sind entweder Abrechnungen und vermutlich auch Verteilungsanweisungen von Fischen, Landtieren und Tierprodukten, Getreide und Getreideprodukten, oder sie betreffen die Verwaltung von Feldern und Arbeitskräften. Für alle Bereiche existierten jeweils eigene

Verwaltungssektionen. Daneben finden sich Listen von Begriffen und Gegenständen unterschiedlichster Art. Für einige lässt sich eine Überlieferungstradition bis weit ins 2. Jahrtausend hinein nachweisen. Diese Listen werden wie folgt klassifiziert:
1. Funktionäre (nameschda: Lú A) und Berufe (dub-sar) (Lú E); 2. Gefäße; 3. «Tribute»; 4. Metalle; 5. Hölzer; 6. Vieh; 7. Offizielle (Ukkin$_a$); 8. Fische; 9. Ortsnamen; 10. Getreide; 11. Vögel; 12. Pflanzen; 13. Schweine; 14. Götter?; 15. Schultexte / «Vokabulare»

Die Annahme, dass diese Listen zunächst zur Schreiberausbildung der Verwaltungsbeamten dienten, wird durch die Existenz von «Schultexten» bestätigt. Gleichzeitig sind diese Listen jedoch auch Ausdruck einer «Ordnung der bekannten Welt» und als solches eine kulturelle Leistung mit Folgen, die bislang nur wenig untersucht wurden. Dabei scheint es, als ob bei einzelnen Einträgen in den Listen durch Kombination von verschiedenen Zeichenelementen «künstliche» Zeichen geschaffen wurden. Diese hat man auch «theoretische Zeichen» genannt, da sie nicht weiter verwendet wurden. Die Schrift schuf in gewissem Sinne neue Wirklichkeiten. Bemerkenswert ist zudem die Existenz von fiktiven «Modellberechnungen». All dies verweist nicht nur auf ein ausgefeiltes Schreibertraining sondern auch auf die Möglichkeit der Schrift Planungsunterlagen bereitzustellen.

Einen bislang noch schwer verständlichen Hinweis auf «literarisch-mythologische» Anspielungen bietet die so genannte «Tribut-Liste», die bis in das 2. Jahrtausend überliefert wurde. Die schwerverständlichen Anfangszeilen handeln vom Ursprung(?) von Anweisungen und (geheimen(?)) Kenntnissen.

Inzwischen ist es gelungen, in den Verwaltungstexten verschiedene Tempelhaushalte zu identifizieren; bemerkenswert ist insbesondere der Nachweis, dass die Venusgöttin mit dem sumerischen Namen Inana bereits in den frühen Texten als Morgen- und als Abendstern verehrt wurde. Der astralen Komponente in den religiösen Vorstellungen kam also bereits an der Wende vom 4. zum 3. Jahrtausend eine wesentliche Rolle zu.

Die Frühdynastische Zeit: Die anschließende Epoche, die so genannte Frühdynastische (FD) Zeit, währt rund ein halbes

Jahrtausend. Anhand der in Ausgrabungen am Flusslauf der Dijāla beobachteten Schichtenabfolge erfolgte eine Einteilung in FD I, II, III A und III B. Andere Befunde wurden meist über stil- oder schriftgeschichtliche Vergleiche in diese Periodisierung eingefügt. Zeitgenössische Quellen bleiben noch lange ohne identifizierbare Herrschernamen; erst in der Spätphase, der Periode Frühdynastisch III B ist die südmesopotamische interne Chronologie einigermaßen gesichert.

Zu den bereits bekannten schriftlichen Quellen der Verwaltungsurkunden und der lexikalischen Listen treten nunmehr neue hinzu: Wir finden die ersten Briefe offiziellen Inhalts. Eine weitere Textgruppe befasst sich mit der Übertragung von Verfügungsrechten an Dingen und Personen; hieraus entwickelt sich im Laufe des 3. Jahrtausend eine eigenständige juristische Literatur. Es finden sich zuerst Kaufverträge, dann auch Bürgschafts- und Prozessurkunden, die Formulierung allgemeiner Rechtsgrundsätze sowie spezifisch «kasuistische» Regelungen. All dies ist Zeugnis für den Aufbau eines Rechtssystems. Von großer Bedeutung ist weiter die typisch sumerische Gattung der Weihinschriften. Gegenstand dieser Texte ist die Aufzeichnung eines Pietätsaktes, den ein Mensch für eine Gottheit durchführte. Die Grundstruktur ist entsprechend: «*Für die Gottheit [Name] hat die Person (/Herrscher) [Name, Titel] [dieses Objekt] geweiht / diese Tat durchgeführt.*» Diese Inschriften sind handlungsbezogen, d.h. ein wesentlicher Teil, und zwar fast immer das Weiheobjekt als der Inschriftenträger, werden im Text nicht ausdrücklich benannt. Sehr frühe Inschriften dieser Gattung finden sich auf Statuetten aus der Stadt Nippur. Hier fehlt nicht nur öfters die Weiheformel, sondern die ganze Inschrift kann auch nur aus Namen der Gottheit und/oder dem Namen des Weihenden bestehen. Dies bedeutet, eine Statuette, deren Aufschrift nur den Gottesnamen «Inana» aufweist, kann erst in Verbindung mit den archäologischen Fundumständen wirklich verstanden werden – ein Beispiel:

«*Der (Göttin) Inana [hat die durch diese Statuette repräsentierte Person, diese zur dauerhaften Aufstellung vor der Göttin [für ihr eigenes Leben] [im Tempel, in dem sie aufgestellt wurde,] geweiht.]*»

Abb. 4: Gruppe von Weihestatuetten aus dem Dijāla-Gebiet

Inschriftenträger wie auch die beschriebenen Akte der Frömmigkeit weisen eine große Variationsbreite auf: Außer Statuetten und Stelen finden sich auch Gefäße der verschiedensten Art, Feld- und Türangelsteine, sehr häufig auch in Bauten verwendete Ziegel. Adressat dieser Inschriften ist die Gottheit. Sie dienten der Kommunikation mit dem Göttlichen. Ein Teil dieser Texte, wie etwa die in Gründungsdepositen beerdigten Tafeln und Gründungsfiguren – also die Weiheobjekte, die bei der Errichtung von Gebäuden vergraben wurden – blieben verborgen und konnten allenfalls, wenn sie später einmal aufgefunden wurden, von der Frömmigkeit des Erbauers Zeugnis ablegen. Neben die eigentliche Weiheformel treten Nachrichten über Tempel- oder Kanalbauten, aber auch über Kriegszüge oder Eingriffe in die Rechtsordnung und anderes mehr. All dies wurde zu Ehren und im Auftrag von Gottheiten durchgeführt. Seit dem Ausgang der frühdynastischen Zeit (um 2450 v. Chr.) werden nicht selten mehrere solcher Inschriftenteile zu längeren Weihinschriften zusammengefügt; sie stellen im Hinblick auf die durch sie festgehaltenen Taten die ersten Zeugnisse von Geschichtsschreibung überhaupt dar.

Etwa seit der Mitte des 3. Jahrtausends finden sich Zeugnisse einer verschrifteten, erzählenden und «mythologischen» Literatur. Erste Beispiele der ‹Weisheitsliteratur› sind Beschwörungen, Sprichwortsammlungen und Lebensregeln sowie Hymnen auf Tempel, etwas später vor allem Götter- und Herrscherhymnen. Diese religiöse und höfische Literatur der Ur III-Zeit gewährt einmalige Einblicke in die Vorstellungswelt des ausgehenden 3. Jahrtausends. Obzwar die Auswertung solcher Texte für historische Rekonstruktionen äußerst schwierig und deshalb auch umstritten ist, verlöre der Historiker, wenn er sie ignorierte, eine wichtige Quelle für die Lebenswelt, in der sich einst Geschichte vollzog.

Spätere Überlieferungen: Noch problematischer sind jene Textzeugnisse aus späteren Epochen, die Hinweise auf Ereignisse der Frühzeit enthalten. So hat sich etwa um die bislang historisch noch nicht fassbaren «heroischen» Urukherrscher Enmerkar, Lugalbanda und Gilgamesch von Uruk bereits im 3. Jahrtausend ein Reihe von Erzählungen gebildet, deren geschichtliche Bezüge im Einzelnen schwer zu bewerten sind. Solche und vergleichbare Texte liefern zwar nur «weiche Daten», doch auf Grund der großen Bedeutung, die in Mesopotamien dem «kulturellen Gedächtnis» beigemessen wurde, können sie unsere Rekonstruktionsversuche bereichern und ergänzen.

4. Geschichte von Sumer und Akkad

4.1. Der Übergang zum 3. Jahrtausend – die Endphase der Späturuk- und die Dschemdet Nasr-Zeit (ca. 3400–2900)

4.1.1. Geschichtlicher Überblick

Die südmesopotamische Stadt Uruk gab einer ganzen Periode, der so genannten Uruk-Zeit, ihren Namen. Gewiss bietet diese Stadt für die Erforschung der frühen Städte und Staaten nach wie vor das beste Material. In der Späturuk-Zeit können wir eine Verzehnfachung der Besiedlungsdichte im Gebiet der Stadt erkennen, die ohne Parallele in anderen Regionen bleibt; Uruk war Zentrum eines mehrschichtigen Siedlungssystems. Massenkeramik – über eine Form gepresste Näpfe mit abgeschnittenem Rand, in denen die täglichen Rationen ausgegeben wurden, die so genannten «Glockentöpfe» – fand man zu Hunderttausenden in einem von Syrien bis in den Iran reichenden Gebiet. Sie sind Zeugnis einer zentralisierten und auf dem Prinzip der Verteilung beruhenden («redistributiven») Wirtschaftsform. In diesen Kontext gehört ebenso die Verwendung von Rollsiegeln zur sichernden Kennzeichnung von Krügen, Behältern und Speichern gegen unbefugten Zugriff, sowie die anderen erwähnten Vorformen der Schrift. Die Einwohnerzahl der Stadt betrug bei einem Stadtgebiet von 440 Hektar mindestens 25 000 bis 50 000 Personen; in vielen Bereichen, so auch in der Verwaltung zentraler Aufgaben, erforderte dies eine weitere Spezialisierung. Die sich entwickelnde, einen Großteil der Produkte zentral sammelnde und verteilende Wirtschaft hatte zwar für Einzelne und einzelne Gruppen den Vorteil, Risiken zu mindern und das Überleben zu erleichtern, führte aber andererseits zu einer sozialen Schichtung – hier die Verwalter, dort die einfachen Arbeiter und Arbeiterinnen. Zentral organisiert werden musste der Einsatz einer riesigen Anzahl von Arbeitskräften, die zugleich zentral versorgt wurden. Eine Tafel vom Anfang des 3. Jahrtausend, aus der Uruk III-Zeit, verzeichnet eine gewaltige Getreidemenge, die einer Jahresration für rund 3000 Arbeiter entspricht. Auch hat man errechnet, dass für die Errichtung der Terrasse im E'ana-Bezirk von Uruk am Ende der Späturuk-Zeit bei einem zehnstündigen Arbeitstag über fünf Jahre hinweg etwa 1500 Mann benötigt wurden. Dass es beim Einsatz solcher Arbeitermassen zu Konflikten kam, deren Regelung auch institutionelle Gewalt erforderlich machte, liegt auf der Hand. Ob allerdings die auf Siegelabrollungen gefundenen Darstellungen von Folter- und Gefangenenszenen in diesen Zusammenhang oder eher in kriegerischen Kontext gehören, bleibt vorderhand unklar.

Jedenfalls ist die erstmals nachweisbare Großarchitektur ein weiteres bedeutsames Kennzeichen dieser Epoche. Die Organisation solcher öffentlicher Großbauvorhaben zeitigte nicht nur innerörtliche Spezialisierung und Differenzierung; im Verhältnis zum Umland entstand die Funktion eines Zentralortes – einer Stadt. Wahrscheinlich gab es neben der wiederverteilenden zentral gesteuerten Wirtschaft auch eher «private» Wirtschaftsformen, z. B. einen Tauschhandel. Jedoch waren die großen Aufga-

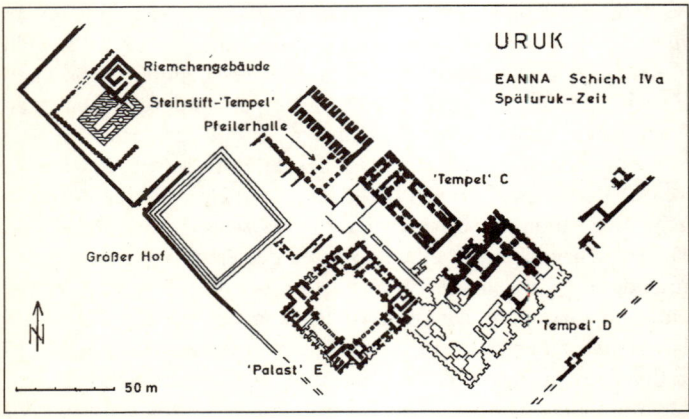

Abb. 5: Grundrisse von Monumentalarchitektur in Uruk, Stadtteil E'ana

ben, wie Baumaßnahmen und Kriegszüge, wahrscheinlich auch der Fernhandel, zentral organisiert und «finanziert».

Man hat die großen öffentlichen Gebäude dieser Zeit als ‹Tempel› bezeichnet; andere sprechen lieber von Versammlungshallen. Jedenfalls waren ein religiöser und ein profaner Bereich allem Anschein nach noch wenig geschieden. So haben diese ‹Tempel›, aber auch die Plastik und andere materielle Relikte dieser Epoche vielfältige Funktionen. Sie sind nicht nur Zeugnisse von Prestigeunternehmen zur Erlangung von Macht und Einfluss bzw. zur Stabilisierung derselben. Auch sind sie nicht allein zu erklären aus einem individuellen Machtwillen, spielte doch der Einzelne in dieser Epoche wahrscheinlich nur eine nachgeordnete Rolle. Dem entspricht, dass die frühesten Darstellungen von Personen – in Bild und Schrift – typisieren, nicht individualisieren. So besteht ein Vorrang der Funktion, mag diese nun familiär, politisch oder ideologisch begründet gewesen sein. Mit anderen Worten, die geschilderten Unternehmungen sind, wie bereits die frühen Prestige-Güter, zuerst mit einer gesellschaftlichen Funktion und erst in zweiter Linie mit einem bestimmten Amtsinhaber verbunden. Die Funktion ist primär, die Einzelpersönlichkeit bleibt demgegenüber austauschbar. Wenn wir unter diesem Blickwinkel die Großplastik und Großarchitektur – auch die berühmten mesopotamischen Hochtempel, die so genannten Ziqqurrātu – betrachten, so erschließt sich die Relevanz dieser Erkenntnis unmittelbar: In ihnen vergegenständlicht sich ein gesellschaftliches System. Sie erscheinen als materielle Bezugspunkte eines sozialen Koordinatensystems, durchaus vergleichbar den Großkirchen in der europäischen «Zeit der Kathedralen». Insbesondere die Tempeltürme behalten diese, auf kosmologischen Anschauungen beruhende, identitätsstiftende Funktion für die ganze verbleibende Zeit der altorientalischen Geschichte.

Dieser Ansatz ist auch für das Verständnis der Bedeutung der Stadt im Alten Orient von Bedeutung: Die Stadt wurde letztlich begriffen als «Symbol» oder besser als Vergegenständlichung der Gesellschaft. Alt-Mesopotamien brachte eine durch und durch städtische Gesellschaft hervor. Die Stadt war immer auch Kultplatz, und daher konnte sie sogar begriffen werden als

Gleichnis oder Abbild des Kosmos. Solche Auffassungen führten dazu, dass den Gegenständen und Konzepten ein Eigenleben zugeschrieben wurde. Gegenstände und auch die Stadt selbst erhielten eine geradezu göttliche «Wesenhaftigkeit». Zahlreiche Beispiele bezeugen, dass Stadt und Stadtgottheit eine kaum aufzulösende Einheit bildeten: Die Stadt wurde begriffen als Epiphanie – nicht nur als Ort der Epiphanie – eines Gottes. Die Stadt als Konzept war für die Mesopotamier sowenig wie das Königtum oder das Recht oder andere Konzepte eine menschliche «Erfindung». So erfolgte nach verschiedenen Schöpfungstexten auch die Stadtentstehung *vor* der Menschenschöpfung. Die jeweilige Einzel-Stadt erweist sich mithin nur als Aktualisierung eines Urkonzeptes. Unter dieser Perspektive wird der kosmogonisch-kosmologische Bezug altmesopotamischer Städte erst verständlich.

Die Herausbildung solcher Vorstellungen hängt möglicherweise mit der Bedeutung von *Uruk* zusammen. Uruk war nicht nur ein regionales, sondern auch ein überregionales Zentrum. Man hat sogar von einem ‹*Uruk Welt-System*› gesprochen. Einflüsse der Uruk-Kultur sind nicht nur in Iran und Anatolien, sondern auch im syrischen Raum nachgewiesen worden. Dabei handelt es sich nicht etwa allein um die Übernahme einzelner Züge der Kultur, vielmehr weisen die materiellen Hinterlassenschaften insgesamt eine große Übereinstimmung auf. Fast identische Zeugnisse von Keramik, Großarchitektur, Bildthemen und Schriftdokumenten finden sich in nahezu ganz Vorderasien. Gleichzeitig sind aber – manchmal sogar am selben Fundort – zahlreiche Spuren einer Fortsetzung lokaler Traditionen erkennbar. Man hat deshalb von einer Kolonisierung dieser Gebiete durch Uruk gesprochen.

4.1.2. Relief und Plastik

Für alle Rekonstruktionsversuche der weltanschaulichen Vorstellungen der Späturuk-/Dschemdet Nasr-Zeit (ca. 3400–2900) bietet die fast vollständig erhaltene, aber während der Plünderungen des Iraq-Museums in Bagdad in Folge der amerikanischen Besetzung schwer beschädigte Uruk-Vase eine hervorragende

Der Übergang zum 3. Jahrtausend (ca. 3400–2900)

Quelle. Von einem zweiten Exemplar hatten die Ausgräber nur Bruchstücke gefunden. Verwandte Bildthemen finden sich auch auf Siegelbildern, auf denen nicht selten sogar die zwei Vasen selbst dargestellt sind.

Uruk-Vase. Die Vase stammt aus dem ‹Schatzhaus› im E'ana-Heiligtum der Schicht III A (um 3000 v. Chr.), in dessen Kontext auch die genannten Siegel gehören. Die Darstellung lässt sich im eigentlichen Sinne «lesen». Drei reliefierte Hauptregister sind durch zwei breite Bänder voneinander getrennt. Dabei ist das untere Register nochmals durch ein schmales Band unterteilt und unten durch eine Wellenlinie abgeschlossen. Auf der Vase ist ein dreigeteiltes Weltbild dargestellt: Das untere Register beginnt mit der Darstellung des Wassers, der Grundlage allen Lebens, allzumal der verschiedenen (Kultur-)Pflanzen; sie sind repräsentiert durch Palmschösslinge und Getreidehalme, die quasi aus dem Wasser herauswachsen. Von der Vegetation abhängig sind Schafe und Widder, die oberhalb des kleinen Trennstreifens in prozessionsartiger Reihung dargestellt sind. Das mittlere Register zeigt einen Zug von nach links schreitenden männlichen Gabenbringern. Sie tragen in ihren Behältnissen die Erträge von Ackerbau und Viehzucht und setzen somit das Thema des unteren Darstellungsbandes fort. Dann folgen darüber der Träger einer ‹Schleppe› des vorangehenden, fast völlig weggebrochenen ‹Mannes im Netzrock› und ein vor diesem einherschreitender Gabenbringer. Diese treten vor eine weibliche Gestalt, die vor zwei Schilfringbündeln steht, den ursprünglichen Türpfosten in der Schilfarchitektur Sumers. Man hat in dieser Person wahlweise die Venusgöttin Inana oder die sie vertretende Priesterin gesehen.

Wichtig ist die Szene hinter den beiden großen Schilfringbündeln: Auf dem Rücken zweier sich nebeneinander befindenden Widder stehen auf einem Stufenpodest zwei gleichartig stilisierte Personen, vielleicht Statuetten. Die Person auf dem oberen Absatz hält in ihren fast ausgestreckten Händen das sog. ‹Bechertablett›; die zweite steht vor einem Inana-Symbol, dem Schilfringbündel. Seit der Entdeckung der Kultvase wurde nun das ‹Bechertablett› mit der Urform des Keilschriftzeichens **EN** in Zusammenhang gebracht, das in Uruk späterhin den wichtigsten

36　　　　　　　　Geschichte von Sumer und Akkad

Abb. 6: Ansichten der Uruk-Vase

Abb. 7: Die «Vorratshaus-Szenen» auf der Uruk-Vase

politisch-religiösen Funktionär bezeichnet und in allgemeiner Verwendung üblicherweise mit «Herr» übersetzt wird. Man hat die Begegnung von Mann und Frau im oberen Register öfters mit dem Konzept einer Heiligen Hochzeit in Verbindung gebracht, dabei aber die Verankerung der Darstellung im Wirtschaftsleben vernachlässigt. Die hinter den Personen dargestellte Szene spielt in einem Vorratshaus und verweist wohl auf ein Fest, ist aber zugleich auch eine Schilderung der Abhängigkeit der Menschen von der Natur und der Bedeutung der Vorratshaltung. Die Darstellung lässt insgesamt einen religiös-sakralen Charakter erkennen, aber noch viele Jahrhunderte bestand eine überaus enge Beziehung zwischen Wirtschaft und Religion. Ein eigenständiger profaner Sektor des Wirtschaftens war noch lange nicht etabliert.

Aus dieser Interpretation folgt, dass der mit dem Zeichen EN geschriebene Beruf auf der einen Seite sicher in die kultischen Bereiche des Wirtschaftskreislaufes eingebunden war, dass er aber auf der anderen Seite seine wohl primäre – wenn auch nur aus unserem Blickwinkel rein ‹ökonomische› – Funktion in der Verwaltung und Verteilung der Nahrungsmittel hatte. Diese Interpretation des Bildthemas der Uruk-Vase findet zusätzlich Bestätigung durch eine – allerdings erheblich jüngere – Passage aus einem Liebeslied, welche die einzelnen Bildelemente der Uruk-Vase wie folgt verknüpft und deutet:

«*(Am) Lapislazuli-Tor, das im Gipar (einem Tempelteil) errichtet ist, trat ihr (der Inana) der EN entgegen; (am) weiten Tor des Vorratshauses, das in E'ana errichtet ist, trat ihr Dumuzi entgegen.*»

Genannt werden hier mit der Uruk-Göttin Inana und dem jungen Vegetationsgott Dumuzi zwei Personen, deren Beziehung als Ur-Liebespaar nicht nur die Phantasie der Mesopotamier, sondern auch die der modernen Historiker immer wieder beschäftigte. Die verschiedenen Konzepte eines Rituals der ‹Heiligen Hochzeit› sind wesentlich damit verbunden. Vielleicht handelte es sich bei dem auf der Vase dargestellten Fest um eine Art Erntedankfest. Die sumerische Bezeichnung dafür, Nesang, lebt über den akkadischen Monatsnamen Nissanu noch heute im orientalischen Monatsnamen Nissan fort.

Abb. 8: Die «Dame» von Uruk

Aus dem Bereich der zu Recht berühmten Großplastik dieser Epoche sei hier nur auf zwei Beispiele hingewiesen: Auf der Löwenjagdstele findet sich der archetypisch dargestellte Herrscher als Jäger, was gewiss mit der Legitimation des Herrschers durch den Nachweis seiner körperlichen Fähigkeiten in Verbindung zu bringen ist. Ähnliches ist aus dem Verlauf des altägyptischen Seth-Festes bekannt. Die zweifache Darstellung des Jägers ist ein Versuch, den Verlauf der Jagd darzustellen und ihren rituellen Charakter zu unterstreichen. Der Frauenkopf aus Uruk ist nahezu das einzige Denkmal aus dieser Zeit, das man verschiedentlich mit einer Götterdarstellung in Verbindung gebracht hat. Bemerkenswert ist die Tatsache, dass es sich hier ursprünglich um ein Kompositbild – also ein aus verschiedenen Materialien zusammengefügtes Werk – handelte, das vielleicht an einer Statue attachiert war. Jedenfalls war es mit einer Perücke verziert und hatte mit Sicherheit eingelegte Brauen und Augen.

4.1.3. Riemchengebäude – Kultwechsel

Lassen wir die Grundrisse der urukäischen Großbauten beiseite, die – wie insbesondere auch der «Große Hof» – in ihrer Bedeutung (Tempel oder Versammlungshallen?) umstritten sind, und wenden uns einem merkwürdigen nach einer typischen Ziegelform als «Riemchengebäude» bezeichneten Bauwerk zu. In diesem, im Stadtteil E'ana gelegenen Gebäude wurde eine große Anzahl von Gerätschaften gefunden, darunter Gefäße verschiedener Größe – manche aus Ton, andere aus Stein –, Sitztruhen mit Mosaikeinlagen, Zeremonialwaffen aus Gold und Silber sowie zahlreiche altertümliche Obsidian-Klingen. Nach dem Grabungsbefund ist es sicher, dass wir hier Teile vom Inventar des «Steinstifttempels» vor uns haben, die in diesem Riemchengebäude gleichsam zeremoniell beigesetzt wurden. Diese Praxis ist außerordentlich bemerkenswert: Es handelt sich offenkundig um das Beerdigen, also eine rituelle Beisetzung von Geräten eines abgestorbenen Kultes. Man darf vermuten, dass wir hier das Zeugnis eines bewussten Kultwandels vor uns haben, ohne dass wir jedoch Näheres aussagen können.

4.1.4 Gesellschaft

In welcher politischen Struktur entwickelten sich nun diese Phänomene? Was zeigen uns Rollsiegel, Schriftdokumente, Architektur und Großplastik? Bereits die frühen Siegel lassen sich in ihrer Funktion als Symbole der Autorität verstehen, die jemand – sei es als Individuum, sei als Vertreter einer Institution – ausüben konnte. Unklar ist nämlich, ob es sich bei den frühen Siegeln und Siegelabrollungen um personalisierte Siegel oder um Institutionssiegel gehandelt hat. Der in den bildlichen Darstellungen so prominente «Priesterfürst» (EN) – wobei «profane» und «kultische» Funktionen in seiner Person zusammenzufallen scheinen – lässt sich in dieser Bedeutung in den Berufs- und Ämterlisten nicht nachweisen. An prominenter Stelle wird dort der Titel «Nameschda» verzeichnet, dessen Bedeutung man etwa als *«Herr der Keule»* erschlossen hat, und der wohl ein Spitzenfunktionär im urukäischen Machtapparat war. Die Vielzahl der in den Listen verzeichneten Funktionäre unterstreicht, dass wir es bereits zur Uruk-Zeit mit einem komplexen Machtgefüge zu tun haben.

Eine ähnliche Liste nennt an erster Stelle eine Funktion UK= KIN, in der wir nach der späteren Überlieferung die Bezeichnung für den «Vorsteher der Milizen» sehen dürfen. Diese Funktionsbezeichnung weist wohl darauf hin, dass die oft angenommene despotische oder autokratische Regierungsform der Uruk-Zeit zumindest die Akzeptanz der Milizen und ihrer Führung voraussetzte. Noch in späterer Zeit erweist sich das «Militär» häufig als eine Gruppe mit entscheidendem Einfluss auf die Staatsgeschäfte, und zahlreiche Herrscher begannen ihre Karriere in diesem Milieu. Dabei benötigte die Führung die Zustimmung ihrer «Soldaten», und dass das Wort UKKIN in späterer Zeit die «Versammlung der arbeitsfähigen Männer» bezeichnet, ist sicher kein Zufall. In dem Epos «Gilgamesch und Aka», das vorgibt, die frühdynastische Auseinandersetzung zwischen den Herrschern von Uruk und dem nordbabylonischen Kisch zu schildern, spielt neben der «Versammlung der Ältesten» die «Versammlung der Milizionäre» bei der Kriegsentscheidung in Uruk eine wesentliche Rolle. Hier zeichnen sich differenzierte Entscheidungsstrukturen ab – die Machtausübung der Uruk-Herrscher war keinesfalls unumschränkt, sondern erfolgte innerhalb eines Systems frühstaatlicher Institutionen.

Bildliche Darstellungen von Herrscherfiguren verzichten auf individualisierende Züge, und – wie erwähnt – fehlen auch in den Texten noch lange Zeit Herrschernamen. Dies fügt sich mit weiteren Beobachtungen zu der bereits erwähnten Hypothese, dass eine zentrale Bedeutung der Funktion und dem Amt, nicht dem individuellen Amtsträger zukam. Die ‹Heiligung des Amtes› wird besonders unterstrichen durch die Tatsache, dass sich in den frühdynastischen Götterlisten neben verschiedenen vergöttlichten Naturgewalten und Himmelskörpern viele vergöttlichte Ämter und Berufe finden. Inwieweit die Wirkungsmacht der Uruk-Kultur auf dem Einsatz von Gewalt beruhte, bleibt indes leider unklar. Geschah die weite Verbreitung der typischen Uruk-Merkmale durch militärische Kolonisierung oder durch Errichtung ziviler Handelsstationen?

4.1.5. Veränderungen zur Dschemdet Nasr-Zeit (ca. 3100–2900)

Schwierige Bestimmung einer Übergangszeit. Eine Unterscheidung zwischen Phänomenen der Späturuk-Zeit und der Dschemdet Nasr-Zeit ist nahezu unmöglich, auch wenn in Uruk im Stadtteil E'ana eine planmäßige Neugestaltung des Tempelbezirkes nachgewiesen wurde. Um diesen Zeitpunkt erfolgte auch ein dramatischer Rückgang der Siedlungen im Hinterland der Stadt. Ihre Zahl ging von etwa 150 auf 25 zurück, so dass in diesem Zusammenhang sogar von einer Landflucht gesprochen wurde. Dem mag entsprechen, dass wir Uruk nun von einer festen Stadtmauer von 10 km Länge umgeben finden, die mit rund 900 Türmen bewehrt war. Die Erinnerung an dieses eindrucksvolle Bauwerk hat die mesopotamische Überlieferung im Gilgamesch-Epos über Jahrtausende bis in die Gegenwart bewahrt.

Man mag aus dem bisher Gesagten den Eindruck gewonnen haben, Uruk und speziell der Stadtteil E'ana sei nicht nur das Zentrum der Stadt, sondern sogar der damaligen «Welt» gewesen. Es sind aber nicht nur die wechselseitigen Einflüsse zwischen der südwestiranischen Susiana und Südmesopotamien zu beachten; aus der Dschemdet Nasr-Zeit kennen wir auch andere Fundorte, denn damals entstanden außerhalb der alten Städte neue große Siedlungen. Der Hintergrund dürfte komplex gewesen sein. Eine große Rolle spielten wahrscheinlich vermehrte und verschärfte Konflikte, die aus einer Zunahme der Bevölkerung und einer Verringerung der Zahl der für die Feldwirtschaft wichtigen Wasserläufe resultierten. Damals erreichte die Züchtung von Pflanzen und Tieren ein neues Niveau. Auch in anderen Bereichen, etwa des Handwerks und der Schrift, lassen sich Fortschritte nachweisen. Die Übermacht eines Zentrums jedoch scheint erloschen.

Städtesiegel als Zeugnis überregionaler Kooperationen. Von einiger Bedeutung für das Verständnis der politischen Verhältnisse dieser Zeit sind die so genannten Städtesiegel. Hierbei handelt es sich um Abrollungen von Siegelzylindern auf Tontafeln, wobei sich auf einem Siegelbild die Schriftzeichen für mehrere Städte befinden. Dieser an sich merkwürdige Befund wird dank einer Vielzahl von Belegen für ähnliche Städtegruppen aus späteren Texten besser verständlich. Sie sind allesamt Zeugnis einer Kooperation oder gar Koalition mehrerer Städte in Südmesopotamien. Mögen die frühesten Bilder vielleicht am ehesten mit gemeinschaftlich geführten Handelsniederlassungen zu verbinden sein, so nennen die späteren Quellen als Grund für solche Koalitionen gemeinsame Bauarbeiten an Tempeln und Kanälen, aber auch Kriegszüge.

Herrschaftsform. Am Fundort Dschemdet Nasr nahe der nordbabylonischen Stadt Kisch, der dieser Periode den Namen gab, fand sich ein so genannter ‹Palast›. Wie die Wirtschaftsurkunden dieses Ortes allerdings zeigen, dürfte dies kaum auf eine von religiösen Institutionen unabhängige «weltliche» Macht hinweisen. Eine mit dem altbekannten Priestertitel aus Uruk, EN, bezeichnete Person und dessen Gemahlin scheinen nicht nur diesen ‹Palast› verwaltet zu haben, sondern besaßen auch Verfügungsrechte über gewaltige Ländereien.

Begräbniskult. Dass man in den Fundorten aus dieser Zeit auf zahlreiche Gräber stößt, die man in der vorausgehenden Uruk-Periode fast völlig vermisst, ist kaum ein Zufall. Die Bestattungspraxis, die in der nachfolgenden frühdynastischen Zeit fortgesetzt wurde, macht deutlich, dass Beerdigungssitten und Totenkult erheblich an Bedeutung zunahmen und einen zentralen Platz in der religiösen Vorstellungswelt der Zeitgenossen einnahmen.

4.2. Die frühdynastische Zeit (ca. 2900–2340 v. Chr.)

4.2.1. Der Beginn der frühdynastischen Zeit (um 2900 v. Chr.)

Die frühdynastische Zeit wird archäologisch in die Perioden I bis III unterteilt und umfasst den Großteil der ersten Hälfte des 3. Jahrtausends. Sie bringt eine erneute Veränderung in der Besiedlungsstruktur mit sich. Die Hauptsiedlungen – Zentralorte – wachsen, während sich gleichzeitig der in der Dschemdet Nasr-Zeit begonnene Trend zur Aufgabe kleiner Siedlungen verstärkt. Das Stadtgebiet von Uruk beispielsweise umfasst nunmehr rund neun Quadratkilometer und hat sich gegenüber der Späturuk-

Zeit (ca. 3400–3100 v. Chr.) mehr als verdoppelt. Die Verteilung von Macht und Einfluss scheint weiter gestreut; entsprechende Quellen beginnen in mehreren Orten zu fließen – so etwa in Ur, Uruk, Lagasch-Girsu, Umma, Adab oder Kisch. Auch bewaffnete Konflikte spiegeln sich zunehmend in unserem Material.

Bei der Einordnung verschiedener Daten und Namen wird vor allem die oben erwähnte «Sumerische Königsliste» herangezogen. Diese lässt allerdings die «Dynastien» einzelner Städte aufeinander folgen, während wir heute in vielen Fällen beweisen können, dass sie zur gleichen Zeit herrschten. Bei den ersten Phasen dieser Periode handelt es sich, trotz der in der Königsliste überlieferten, aber in den zeitgenössischen Quellen nicht belegten Namen, noch immer um eine «Geschichte ohne Namen». Die sumerische Überlieferung, insbesondere über die in Uruk beheimateten Heroen, trägt wenig dazu bei, die Ereignisgeschichte zu erhellen.

Keine authentische zeitgenössische Quelle besitzen wir bis heute über den mythischen Helden und König von Uruk Gilgamesch. Es dürfte sich bei ihm aber durchaus um eine historische Persönlichkeit handeln, auch wenn wir seine Herrschaft nur hypothetisch zu Anfang der frühdynastischen Zeit ansetzen können. In seiner aus der Spätzeit des neuassyrischen Reiches (966–612) stammenden Form fand das akkadische Gilgamesch-Epos Eingang in die Weltliteratur. Mit Gilgamesch und seinen Vorgängern Lugalbanda und Enmerkar beschäftigte sich allerdings eine größere Zahl sumerischer Heldenerzählungen, deren Wurzeln sicher bis ins 3. Jahrtausend zurückreichen. Konkurrenz und Kämpfe – vor allem mit dem ostiranischen Bergland Aratta – stehen im Zentrum der Geschichten, die von Enmerkar und Lugalbanda erzählen. Wenn die Autoren dieser Texte ihren Respekt für den hohen zivilisatorischen Rang jenes iranischen Gebietes erkennen lassen, so stimmt dies mit unseren anderen Informationen durchaus überein.

4.2.2. Uruk und Kisch – die Rivalen

Die Gründe für die Bedeutung der alten Stadt Kisch verlieren sich in der Vorgeschichte. Sie mögen damit in Verbindung stehen, dass in dieser Stadt erstmals eine Bevölkerungsgruppe semitischen Ursprungs mit gewiss anderen gesellschaftlichen Auffassungen als in Südmesopotamien üblich zur Macht gelangt war. In der Folgezeit war die Bezeichnung «König von Kisch» mit einem Vormachtsanspruch über Nordbabylonien verbunden. Für den ursprünglich in der Stadt Der, ca. 180 km nordöstlich von Kisch, beheimateten Herrscher Mesalim, ist dieser Königstitel erstmals bezeugt. Da Mesalim auch die Oberhoheit über die viel weiter südlich gelegene Provinz Lagasch ausübte, dürfte Kisch um diese Zeit noch das Zentrum eines einflussreichen Staatswesens gewesen sein. Die von diesem Herrscher bekannten Originalinschriften – sie werden um 2550 v. Chr. angesetzt – zählen zu den ältesten mesopotamischen Texten, die einen Herrschernamen nennen.

Lange Zeit war man der Auffassung, der inschriftlich bezeugte ME-barag(e)si, «König von Kisch», sei mit dem aus der Sumerischen Königsliste und aus anderen literarischen Quellen bekannten Enme-baragesi – dem Vater eines gewissen Aka, gleichfalls «König von Kisch» – identisch und habe um ca. 2600 gelebt. Träfe dies zu, so besäßen wir hier einen Hinweis dafür, dass die mesopotamische Überlieferung historisch präziser ist, als man gemeinhin anzunehmen bereit ist. Die epische Erzählung «Gilgamesch und Aka» hat – vielleicht wegen ihres deutlich historischen Bezugs – in die spätere Überlieferung der Gilgamesch-Erzählungen keinen Eingang gefunden; sie berichtet von Auseinandersetzungen zwischen dem südlichen Uruk und dem zentralbabylonischen Kisch. Ihr zufolge wurde Uruk unter Gilgamesch durch Aga oder Aka von Kisch belagert. Während von Gilgamesch kein Originaltext bekannt ist, wurde für Aka eine Identifikation mit einem gleichnamigen «König von Umma» erwogen. Dieser war zunächst wohl Anführer oder Hauptmann der Milizen in der Stadt Umma und ist sogar als solcher auf einer frühdynastischen Stele bildlich dargestellt.

4.2.3. Ur – ein neues Zentrum

Um ca. 2700 v. Chr. datieren die archaischen Tafeln aus Ur. Es handelt sich dabei um Wirtschafturkunden. Knapp 150 Jahre jünger sind die berühmten «Königsgräber von Ur», die freilich

Die frühdynastische Zeit (ca. 2900–2340 v. Chr.) 45

Abb. 9: Rekonstruktion einer Gefolgschaftsbestattung

eine ebenso rätselhafte wie – sieht man von einem möglicherweise vergleichbaren Fund in Kisch einmal ab – einmalige historische Quelle darstellen. Beeindruckend ist zunächst einmal die Pracht der in den Grabanlagen gefundenen Beigaben: Gefäße aus Stein, Silber und Gold, Schmuck, Möbel, und Musikinstrumente, unterschiedliche Gerätschaften, Schlitten und Wagen mit Zugtieren zum Transport der Verstorbenen lassen erkennen, dass die hier angetroffene mesopotamische Kultur bereits um 2600 v. Chr. zu einer ebenso großen Prachtentfaltung gelangt war wie das zeitgenössische Ägypten. Zwar handelte es sich bei den Bestatteten kaum ausschließlich um Herrscher oder deren Gemahlinnen; doch zu einer Führungsschicht gehörten sie ohne Zweifel. Den Verstorbenen waren bis zu 80 Personen in den Tod gefolgt, so dass man heute in diesem Zusammenhang von Gefolgschaftsbestattungen spricht. Aufgrund seiner Beobachtungen hat bereits der Ausgräber Leonard Woolley (1880–1960) den Bestattungsvorgang wie folgt rekonstruiert: Nach dem Tode folgten die Familie und die Bediensteten der Leiche zur Beerdigungsstätte, nahmen ein mit Gift versetztes Getränk zu sich und legten sich nieder um zu sterben; in der Tat wurden die Trinkgefäße neben den Ske-

Abb. 10: Gabenprozession und Gelage auf der «Friedensseite» der so genannten «Standarte von Ur»

letten gefunden. Ob diese Selbsttötung freiwillig geschah oder unter Druck erfolgte, bleibt eine wohl nie mehr zu beantwortende Frage. Es handelt sich aber ohne Zweifel um ein «Bankett des Todes», eine Übertragung der überaus populären Trinkgelage der Lebenden. Später und auch aus anderen Regionen sind ähnliche gemeinsame rituelle Gelage zwischen Lebenden und Verstorbenen im Rahmen des Totenkultes belegt. Bankettszenen sind in den Bildwerken der frühdynastischen Zeit überhaupt das beherrschende Thema. In diesem Akt vollzog sich stets aufs neue Stiftung, Bewahrung und Erneuerung einer Gemeinschaft, sei es in privatem, politischem oder eher kultischem Kontext. Zu diesen Anlässen wurden sicher Alkohol und andere Drogen bewusst eingesetzt. In diesem Zusammenhang sei darauf hingewiesen, dass die Braukunst hoch entwickelt war und große Mengen Bier zum «täglichen Brot» der Arbeiter gehörten. Bei dem Todesbankett der Gräber von Ur hätten wir es demnach mit einer Überspitzung des gemeinschaftsstiftenden Bankett-Rituals zu tun. Zweck dieses Aktes war zu demonstrieren, dass die Bindung der Umgebung an den Verstorbenen selbst über den Tod hinaus weiter bestand.

Aller Wahrscheinlichkeit nach handelte es sich bei diesen Beisetzungen um «Staatsbegräbnisse»; hinter dieser ungeheuren Verschwendung von Menschenleben und Material stand also öffentliches Interesse. Dieses Interesse galt freilich dem Amtsträger, also letztlich der Funktion, nicht dem Individuum. So können wir diese Gefolgschaftsbestattungen verstehen als Versuch, politisch-religiöse Institutionen öffentlichkeitswirksam zu würdigen, zu sichern und zu bewahren. Die Königsgräber besitzen aber noch eine zusätzliche Bedeutung, weil auf den darin gefundenen Gegenständen die Namen von Verstorbenen zu lesen sind. Dies gilt beispielsweise für die Königin Pu-abum sowie die Könige A'ungdu und Mesungdu, die man früher Akalamdu und Meskalamdu gelesen hat. Vom Sohn des Letztgenannten, Mesanepada, wurde im nordostsyrischen Mari eine Lapislazuli-Perle mit einer Inschrift gefunden, in der er sowohl «König von Ur» als auch «König von Kisch» genannt wird. Es scheint sicher, dass mit diesen Titeln ein Machtanspruch über beide Regionen Babyloniens und damit einer gewissen «Reichseinheit» behauptet werden sollte, ganz ähnlich dem jüngeren Titel eines Herrschers über die «Länder von Sumer und Akkad». Da Mesanepadas Sohn A'anepada, gleichfalls durch Inschriften belegt ist, besitzen wir erstmals den Nachweis einer dynastischen Herrscherfolge über drei Generationen männlicher Nachkommen hinweg.

4.2.4. Fāra und Abu Salabich – Anwendungen der Schrift

Diese beiden Orte, deren Besiedlung bis in die Dschemdet Nasr- bzw. Späturuk-Zeit (3400–2900 v. Chr.) zurückreicht, besitzen aufgrund der dort gemachten Tontafelfunde große Bedeutung – auch wenn eine Identifizierung von Herrschernamen bislang nicht möglich war. Es finden sich Hinweise auf einen Städtebund, der auch bei kriegerischen Auseinandersetzungen aktiv wurde. Bei einem dieser Kriege wurde wohl die «archaische» Besiedlungsschicht, aus der diese Texte stammen, durch Brand zerstört. Die Quellen sprechen von vielen Hundert Männern, die ausgehoben wurden – sei es um nach «*nach Kisch*» oder «*in die Schlacht zu gehen*» bzw. die «*aus der Schlacht kommen*». Diese Männer stammen aus den Orten Uruk, Adab, Nippur, Lagasch, Fāra (Schuruppak) und Umma. Diese Städte bildeten offensichtlich eine Kriegskoalition. Im Vergleich mit etwas jüngeren Zeugnissen über solche Städtebünde wird deutlich, dass solche Koalitionen im Rahmen immer wieder bezeugter überregionaler Strukturen gebildet wurden. Zu bestimmten Zwecken, sei es zur Verteidigung oder zur Durchführung gemeinsamer Baumaßnahmen, haben diese Kleinstaaten im Verbund agiert, wahrscheinlich in wechselnden Koalitionen.

Die Erwähnung von Ki'engi – der späteren einheimischen Bezeichnung für Südbabylonien oder Sumer – hat einige Spekulationen ausgelöst, ob damit bereits in dieser Zeit eine Bezeichnung für einen südbabylonischen Staatenbund gemeint sein könnte.

Bis heute sind wenig mehr als die Hälfte der knapp 1000 (Bruchstücke von) Tontafeln aus Fāra veröffentlicht, die in den verschiedensten Gebieten der Stadt aufgefunden wurden. Dies lässt eine sehr viel differenziertere Streuung der Verwaltungsaufgaben vermuten, als man für andere Fundorte angenommen hat. Aus der Tatsache, dass diese Funde in verschiedenen «Privathäusern» gemacht wurden, wurde erschlossen, dass sich ein erheblicher Teil der Wirtschaft in «privater» Hand befunden habe. Dagegen haben andere Wissenschaftler nach der Analyse der Texte für eine stark zentralisierte Wirtschaft argumentiert und den «Palast» und das «Stadthaus» als die beiden wichtigsten Institutionen des ökonomischen Lebens bestimmt.

Fest steht, dass wir aus Fāra eine große Anzahl von Kaufverträgen, insbesondere über Immobilienkäufe, besitzen. Bemerkenswert ist dabei, dass die Kaufsumme, die in Kupfer oder Silber zu erlegen war, gelegentlich durch einen Umrechnungskurs in Gerste erläutert wurde. Gerste als Grundnahrungsmittel erweist sich mithin als Basis des Wirtschaftslebens, auch wenn Metalle als Zahlungsmittel für die Abwicklung größerer Geschäfte praktischer waren. Die Gruppe der Immobilienkaufverträge nennt zwar in der Regel nur einen Verkäufer, aber bis zu 27 Personen, die am Verkauf beteiligt waren und in irgendeiner Form bezahlt wurden. Es liegt nahe, darin jene Personen zu sehen, die ebenfalls Rechte an der zu veräußernden Immobilie besaßen. Bemerkenswert ist dabei, dass diese Verkäufer häufig zur selben Verwandtschaftsgruppe gehörten. Erst ab der Akkad-Zeit wird in der Regel nur noch ein Verkäufer genannt. Dabei sind die Fāra-Kaufurkunden nur ein Beispiel für eine länger zurückreichende Tradition der schriftlich fixierten Übertragung von Rechten an Grund und Boden oder an Häusern. Auch das Problem verschiedener Zusatzbeträge scheint in diesen Zusammenhang zu gehören; neben dem eigentlichen Kaufpreis waren – etwa für auf dem Grundstück vorhandene Installationen oder für den Bewuchs des Gartens oder Feldes – zusätzliche Zahlungen zu entrichten.

Auf Steindokumenten, so genannten Feldsteinen oder Kudurrus, finden sich oft mehrere solche Transaktionen als «Sammelurkunden» zusammengestellt, die wohl eine unseren Grundbucheintragungen ähnliche Funktion besaßen. Die Immobiliengeschäfte aus den unterschiedlichsten Regionen dokumentieren ein interessantes Nord-Süd-Gefälle: Der ‹Verkauf› großer Ländereien ist nur im Norden belegt, während im Süden eher kleine Landstücke, etwa Gärten, transferiert werden. Unabhängig davon dürfte das ‹Eigentum› an Grund und Boden, Feld und Flur zunächst vorwiegend Gemeinschaftseigentum gewesen sein, sei es das einer Familie, eines Clans oder eines Tempels.

Mit den Urkunden aus Fāra vergleichbar ist der Quellenbefund im annähernd zeitgleichen Abu Salabich. Auch hier fanden sich über ein halbes Tausend Tontafeln, die ebenfalls der Schicht FD III A (um 2600 v. Chr.) zugerechnet werden. Unter diesen Zeugnissen befinden sich allerdings nur wenige Wirtschaftsurkunden; die Mehrzahl bilden literarische Texte, die ein entwickeltes System der Schriftvermittlung belegen. Für uns ist von Interesse, dass in diesen Texten – nicht zuletzt durch die hohe Zahl semitischer Schreibernamen – ein deutlich wahrnehmbarer semitisch-frühaltakkadischer Einfluss wahrnehmbar wird.

4.2.5. Zur Geschichte des frühdynastischen Staates von Lagasch

Anfänge einer Ereignisgeschichte Bruchstücke einer Ereignisgeschichte, die diesen Namen verdient, finden sich erstmals in größerer Anzahl aus der Zeit der so genannten I. Dynastie von Lagasch, und zwar nicht zuletzt in den teilweise sehr umfangreichen Weihinschriften. Aus dem Kleinstaat Lagasch stammen mehr als die Hälfte aller aus dieser spätfrühdynastischen Zeit

(25. Jhd. v. Chr.) bekannt gewordenen Texte. Vor allem für die letzten Jahrzehnte dieser Epoche, unmittelbar vor dem Aufbau des altakkadischen Reiches durch Sargon von Akkad um 2340 v. Chr., dokumentieren rund 2000 Verwaltungsurkunden mit bis zu vielen hundert Textzeilen auch die Wirtschaftsstruktur dieses Staates.

Dieser Kleinstaat – der Gebietsumfang dürfte etwa dem Burgenland oder Südbaden entsprochen haben – besteht aus drei größeren, entlang eines Kanals gelegenen Städten: Girsu war die Residenzstadt des Staates, 20 km südöstlich davon befand sich die dem Staat den Namen gebende Stadt Lagasch, und noch weiter im Südosten lag NINA oder Nimin. Es lassen sich triftige Gründe für die Annahme vorbringen, dass die Vereinigung der drei Städte erst unter dem Dynastiegründer Ur-Nansche (um 2480 v. Chr.) erfolgte. Wohl zur Erinnerung an diese Staatsgründung und der damit zusammenhängenden Verschmelzung lokaler Götterwelten wurde zur Demonstration der Einheit auf dem diese Städte verbindenden «*Kanal der nach NINA führt*» an wichtigen Götterfesten Schiffsprozessionen durchgeführt.

Obwohl die Geschichte des Kleinstaates und seine erhebliche politische Bedeutung unter den Königen der Ur III-Dynastie eher marginalisiert wurde – Lagasch findet in der Sumerischen Königsliste keine Erwähnung –, lässt sich eine Reihe von historischen Ereignissen, insbesondere die Auseinandersetzung mit dem Nachbarstaat Umma-Gischa um das fruchtbare Grenzgebiet, relativ gut verfolgen. Dies findet seine Ursache darin, dass hier erstmals Geschichte selbst zum Gegenstand schriftlicher Darstellung wird. So beginnt eine umfangreiche Weihinschrift des Herrschers Enmetena mit folgendem Rückblick:

«*(Der oberste Gott) Enlil, der Herr aller Länder, der ‹Vater› aller Götter, hat aufgrund seines verlässlichen Wortes für (den Staatsgott von Lagasch) Ningirsu und (den Staatsgott von Umma) Schara, die Grenze gezogen. Mesalim, der König von Kisch, hat auf Befehl (seines) Gottes Ischtarän die Felder vermessen (und) dort (Grenz-)Stelen errichtet. Usch, der Fürst von Umma, handelte bezüglich dieses ‹Wortes› anmaßend: Er riss die Stele(n) heraus und drang in die Ebene von Lagasch ein. Ningirsu, der Krieger des (Gottes) Enlil, hat auf dessen (Enlils) Recht schaffendes Wort hin mit (der Stadt) Umma eine Schlacht geschlagen und auf das Wort des Enlil hin das «große Fangnetz» auf sie geworfen. Die entsprechenden Leichenhügel wurden in der Ebene errichtet. E´anatum, der Fürst von Lagasch, der Onkel des Enmetena, hat mit Enakale, dem Fürsten von Umma, die Grenze gezogen. Die entsprechenden Wassergräben ließ er vom Inun(-Kanal) zum Gu´edena hin abzweigen.»*

Nach weiteren Bestimmungen zum Friedensvertrag und zum Grenzverlauf – die alte Stele des Mesalim wurde an ihrem Platz wieder errichtet – flackerte bereits unter Enmetenas Vater Enanatum (I.) der Konflikt mit einem Fürsten namens Ur-Lumma von Umma erneut auf. Enanatums Sohn Enmetena – vielleicht als kriegführendem Kronprinz – gelang es Ur-Lumma nach der Stadt Umma zurückzuschlagen, doch blieb dies nur ein kurzfristiger Erfolg. Mit einem Nachfolger dieses Gegners musste er sich kurz danach erneut im Kampf messen. Die Schilderung dieses Konfliktes findet sich noch Jahrzehnte später in den Inschriften des letzten lagaschitischen Herrschers dieser Epoche, Uruinimgina (oder Iri-KA-gina). Dessen Bezwinger schließlich, der König Lugalzagesi, hat eine längere Inschrift hinterlassen, in der er den nunmehr gültigen Grenzverlauf zwischen den Erbfeinden Lagasch und Umma detailliert beschrieb.

Ur-Nansche – der Staatsgründer Mit Ur-Nansche beginnt eine über mehrere Generationen herrschende Dynastie. Wir erfahren aus den Quellen über militärische Unternehmungen nur, dass er in kriegerische Auseinandersetzungen mit der Nachbarstadt Umma und mit der Stadt Ur verstrickt war. Gern ließ sich der Herrscher als Bauherr und im Kreise seiner Familie darstellen. In seinen Inschriften berichtet Ur-Nansche von zahlreichen Tempelbauten und Kanalanlagen, die er im Staatsgebiet habe durchführen lassen. Der Bericht über die «Schaffung» mehrerer Götterstatuen – im Sumerischen wird dafür das Wort für «*gebären*» verwendet – ist Zeugnis für seine Bemühungen um den Staatskult. Bemerkenswert ist eine Quellenpassage, in der der

Herrscher mitteilt, er habe einen gewissen Urnimin als «*Gemahl der (Göttin) Nansche durch Eingeweideschau bestimmt*». Möglich scheint es, dass wir mit dieser Stelle den ältesten inschriftlichen Hinweis auf jenes erst später dokumentierte Ritual der so genannten ‹Heiligen Hochzeit› besitzen, durch die einer Gottheit ein Priester oder eine Priesterin als Gemahl zur Seite gestellt wird.

E´anatum – selbstbewusster Sieger Der Enkel Ur-Nansches, E'anatum (um 2450 v. Chr.), ist einer der bedeutendsten Herrscher der ausgehenden frühdynastischen Zeit. In seinen Inschriften, die orthographisch und inhaltlich große Neuerungen aufweisen, zeigt er sich als selbstbewusster Krieger. Dies findet seinen Ausdruck nicht zuletzt darin, dass viele Inschriften nicht mehr mit dem Namen des göttlichen Adressaten, sondern mit seinem eigenen Namen beginnen. Im Zentrum der militärischen Unternehmungen des E'anatum stand die Auseinandersetzung mit dem Nachbarstaat Umma, doch führten ihn seine Kriegszüge in die verschiedensten Regionen – gegen das iranische Elam und die Städte am Golf ebenso wie gegen die zentralbabylonischen Städte Kisch und Akschak und weiter bis hinauf zu der heute auf syrischem Gebiet gelegenen Stadt Mari. Entsprechend heißt es in seinen Inschriften, dass nicht nur der Staatsgott «*Ningirsu ihm aus Freude über seine ‹Größe› das Königtum von Lagasch verliehen*» habe, sondern dass Inana «*ihm über das Fürstentum von Lagasch hinaus das Königtum von Kisch verliehen*» habe.

Diese Formulierung behauptet eine göttliche Herrschaftslegitimation, der während der folgenden Jahrtausende altorientalischer Überlieferung eine wichtige Bedeutung zukam. Über Alexander den Großen beeinflusste dieser Gedanke selbst noch die Konzeption des abendländischen «Gottesgnadentums». Eine der Wurzeln dieses Konzeptes ist die «Gotteskindschaft», die von E'anatum am deutlichsten formuliert wurde. In der so genannten Geierstele des Herrschers heißt es nach dem Bericht über die Zeugung des Herrschers durch den Staatsgott Ningirsu und die nachfolgende Geburt durch die alte Muttergöttin von Lagasch, Gatumdu(g):

«*(Die Göttin Inana) trat an (seine, des Herrschers) Seite(?) (od. schritt an (seiner) Seite(?):* ‹*In (den Tempel) E'ana der Inana hat man ihn gebracht*›*, nannte sie (ihm als) Namen. Der Ninhursanga setzte man ihn auf ihren* ‹*rechten*› (‹*legitimierenden*›) *Schoß. Ninhursanga legte ihn (zum Stillen) an ihre rechte Brust. Über E'anatum, den von Ningirsu Gezeugten, freute sich Ningirsu. Ningirsu legte seine Spanne an; 5 Ellen lang hat er seine Elle angelegt: 5 Ellen und eine Spanne (sind es). Ningirsu hat, da er sich über die Größe freute, ihm das Königtum über Lagasch verliehen.*»

In der Folge bestätigt Ningirsu dem Herrscher seinen ihm von Inana verliehenen Namen. – In ähnlicher Weise werden sich später die Herrscher der Ur III-Dynastie auf den mythischen Herrscher Lugalbanda und die Göttin Nin-suna als göttliches Elternpaar berufen. – Auf solche recht komplexen Rituale von Herrschaftsbegründung und Inthronisation nehmen die altorientalischen Herrscher immer wieder in standardisierten Epitheta Bezug. Formulierungen wie «*leibliches Kind der Gottheit NN*» und «*mit rechter Milch gesäugt von der Gottheit NN*» begründen eine Kindschaftsbindung der Herrscher an die Welt der Götter und damit letztlich ihren eigenen gottgleichen Rang. Dabei handelt es sich in der religiösen Vorstellungswelt um eine echte Verwandtschaft, wie am Beispiel der skizzierten Milchkindschaft deutlich wird: Noch im islamischen Recht gelten die Milchkinder einer Amme als ihre leiblichen Verwandten und haben die gleichen Rechte wie die von ihr geborenen Kinder.

Enmetena – eingesetzt vom obersten Gott

E'anatum folgte als Fürst zunächst sein Bruder Enanatum (I.), dann dessen Sohn Enmetena, der in seinen Inschriften die eigene Frömmigkeit betont. Insbesondere legt dieser großes Gewicht auf die Unterstützung und Anerkennung, die er in Nippur durch den obersten Gott des Pantheons, Enlil, und dessen Priesterschaft erhalten habe.

«*[Als der Gott Ningirsu] ihn aus der Mitte von 3600 Menschen heraus an seiner Hand gefasst hatte, hat das Zepter gemäß der Schicksalsentscheidung der [oberste] Gott Enlil von Nippur her dem Enmetena verliehen.*»

Entsprechend berichtet Enmetena, dass er nebst anderen Bauten und Weihungen im Staate Lagasch einen Tempel für Enlil neu gegründet und ihn mit einer Pfründe ausgestattet habe. Gleichzeitig behauptet ein anderer Herrscher, Lugalkineschdudu von Uruk: «*Als (der oberste Gott des Landes) Enlil ... ihm (Lugalkineschdudu) das «Herrentum» mit dem Königtum verdoppelt hatte, ließ er ihn in (der Stadt) Uruk das «Herrentum» ausüben, in (der Stadt) Ur das Königtum ausüben.*»

Dies spiegelt den Konflikt wider, in dem sich nunmehr die beiden Staaten Lagasch und Uruk befanden; eine Einigung scheint aber auf friedlichem Wege möglich gewesen zu sein. In einer in mehreren Dutzend Exemplaren überlieferten Inschrift auf Tonnägeln wird berichtet, dass anlässlich eines Tempelbaus in dem wohl zwischen Uruk und Lagasch umstrittenen Gebiet der Stadt Badtibira beide Herrscher «*Bruderschaft*» geschlossen hätten. Es handelte sich dabei um das älteste Zeugnis eines zwischenstaatlichen Vertrages. Ein anderer Text berichtet, dass nach Abschluss der Bauarbeiten die herangezogenen Milizionäre entpflichtet und nach Hause geschickt wurden: «*Für die Einwohner von Uruk, die Einwohner von Larsa und die Einwohner von Badtibira hat er die Entpflichtung (der zur Arbeit Verpflichteten) verfügt: Er hat sie (zum Dienst) für Inana nach Uruk zurückgegeben, hat sie (zum Dienst) für (den Sonnengott) Utu nach (der Stadt) Larsa zurückgegeben, hat sie (zum Dienst) für (den Gott) Lugalemusch zum (Tempel) Emusch zurückgegeben.*»

Beide Passagen enthalten wichtige Informationen zum Verständnis der frühdynastischen politischen Geschichte. Die Vorherrschaft eines Herrschers oder einer Stadt zeigte in dieser Epoche noch kaum Elemente eines Zentralstaatskonzeptes. Dennoch waren Eingriffe in die Souveränität anderer Städte dort denkbar, wo es um notwendige Gemeinschaftsaufgaben ging – neben Tempel- und Kanalbauten sicher auch die Organisation von Kriegszügen. In Verbindung mit den erwähnten Fāra-zeitlichen Belegen und weiteren Hinweisen, ergibt sich, dass trotz wechselnder Koalitionen bzw. Konflikten, die Idee einer losen Einheit Sumers existierte. Wahrscheinlich illustrieren auch die

Darstellungen auf der so genannten Standarte von Ur das überregionale Verhältnis der sumerischen Kleinstaaten untereinander: Dem Kampfgeschehen auf der «Kriegsseite» der Standarte entspricht die Symposium- oder Festszene auf der «Friedensseite»; siehe S. 46, Abb. 10. Noch vor den Darstellungen von Kriegen waren Symposium und Mahlgemeinschaft, nicht nur in familialen, sondern auch in regionalen und überregionalen Verhältnissen besonders typisch für die Selbstkonzeption der frühdynastischen Zeit.

Lagasch am Ende der frühdynastischen Zeit Auf Enmetena folgte dessen Sohn, der wohl nur kurz regierende Enanatum II. Ein an den Tempelverwalter des Staatsgottes Ningirsu, Enentarzi, gerichteter Brief handelt von einem Einfall von Elamern in das Staatsgebiet von Lagasch, denen man ihre Beute jedoch wieder abjagen konnte. Möglicherweise war Enanatum II. in diesen Kämpfen ums Leben gekommen, so dass ihm Enentarzi im Fürstenamt nachfolgen konnte. Über dessen Verwandtschaftsverhältnis zum bisherigen Herrscherhaus ist nichts Sicheres bekannt. Nach nur fünf Regierungsjahren folgte diesem wiederum Lugalanda im Amt, der nach einer sechsjährigen Regierung im ersten Monat seines 7. Jahres durch Uru-inimgina oder Iri-KAgina – die Lesung ist nicht völlig sicher – abgelöst wurde.

Die Bedeutung von Enentarzi und Lugalanda (und ihrer Frauen) liegt für den Historiker nicht in den spärlichen Weihinschriften, sondern in der Tatsache, dass aus ihrer Regierungszeit und aus der ihres Nachfolgers Uru-inimgina ein aus Girsu stammendes ca. 2000 Texte umfassendes Verwaltungsarchiv gefunden wurde. Es vermittelt zahlreiche Informationen über das wirtschaftliche, soziale und religiöse Leben in dieser Epoche. Die Bedeutung dieses Archivs wird dadurch erhöht, dass die wirtschaftliche Organisation des Staates das zentrale Thema in den Restaurationsedikten des Uru-inimgina darstellt.

Wie funktionierte die Planwirtschaft? Fast alle Verwaltungstexte stammen aus dem so genannten ‹Frauenhaus›, das unter Uru-inimgina in «Baba-Tempel» umbenannt wurde. Letztverantwortlich für die Führung dieser Wirtschaftseinheit waren die Gemahlinnen der Fürsten, unter Uru-inimgina seine Frau Sasa. Ganz wie bereits aus dem Befund der Uruk-Zeit erschlossen, war der größte Bereich des Wirtschaftslebens wiederverteilend, also redistributiv, organisiert. Nicht nur die landwirtschaftliche Produktion und die Verwaltung der Böden, auch die Viehzucht, Textilproduktion, Handwerk und Holzwirtschaft sowie die Fischerei und sogar der Außenhandel waren zu einem erheblichen Teil institutionell organisiert. Dabei handelt es sich – vermutlich seit Jahrhunderten – um eine ‹staatliche Planwirtschaft›, deren Grundzüge wie folgt skizziert werden können:

Die Archive bezeugen drei grundsätzlich verschiedene Vorgänge der redistributiven Wirtschaftsweise: Einnahmen, Ausgaben und Bestandskontrollen (Inventuren). Auch wenn in einem Bereich nur Abrechnungen und Bestandskontrollen vorgenommen worden sein sollten, dienten diese doch einem auf die Zukunft gerichteten Zweck, bilden sie doch die Grundlage für jede Planung. Jede Vorratswirtschaft bedarf einer Kontrolle sowohl der Einnahmen und Ausgaben als auch der Bestände. Daraus ergibt sich nicht nur die Notwendigkeit, die Erträge von Feld und Flur aufzuzeichnen, sondern auch das unmittelbare Bedürfnis zur Planung. Bedarfs- und Produktivitätskontrolle führten auch in Lagasch zur Herausbildung einer umfangreichen Bürokratie. Die Planung, also die modellhafte gedankliche Vorwegnahme zukünftiger Verhältnisse oder Ereignisse, kennzeichnet geradezu den Kern dieser Wirtschaftsform. Dabei funktionierte diese Planwirtschaft nach einem Schuldner-Gläubiger Modell, das aber keinesfalls Individualeigentum voraussetzt. Man arbeitete vielmehr mit festen Lieferungsverpflichtungen einzelner Produktionssektoren, deren Erfüllung oder Nichterfüllung kontenmäßig registriert wurden. Aktiva und Passiva wurden von den jeweiligen Verwaltungsbüros Jahr für Jahr fortgeschrieben.

An dieser Stelle sei nur kurz darauf hingewiesen, dass dieses System ökonomisch nur dann einen Sinn ergibt, wenn die Summe der produzierten Güter sich eben nicht immer mit den von den zentralen Institutionen geforderten Abgaben deckt. Andererseits droht dieses ökonomische System immer dann zusammenzubrechen, wenn die Leistungserwartungen oder der Bedarf dieser zentralen Institutionen dauerhaft die Leistungskraft der Produzenten überschreitet. Rein formal lässt sich solch ein Rückstand in der Erfüllung der Lieferungsverpflichtung – sozusagen der «Steuerschuld» – auch als «Darlehen» begreifen. Die zentrale Institution ist Gläubiger gegenüber dem Lieferungspflichtigen, unbeschadet der Tatsache, dass dieser ihr selbst angehört und einen gewissen Anspruch auf Versorgung bzw. Entlohnung besitzt. Dabei ist es von außerordentlicher Bedeutung, dass die Gläubigerseite als *Institution* erscheint, nicht als *Privatperson*. Bei den «Schuldnern» handelt es sich (meist) um Gruppen, etwa die Berufsgruppen der Fischer, der Gärtner, der Viehhirten und andere mehr.

Die mit Lieferungsverpflichtungen arbeitende Planwirtschaft umfasste in der ausgehenden frühdynastischen Zeit folgende Bereiche:

Ackerbau. Die wirtschaftliche Basis Südmesopotamiens bestand ganz überwiegend im Getreideanbau. Dabei war Gerste, neben Emmer und Weizen, die bei weitem wichtigste Feldfrucht. Die Verwaltung der Felder selbst war außerordentlich komplex. Dies wird an der Einteilung des Ackerlandes in verschiedene Verwaltungsklassen deutlich: Die Kategorien «Herrenland», «Versorgungsland» und «Pachtland» waren mit ganz unterschiedlichen Verfügungsrechten verbunden. Die Quellentexte informieren über Probleme der Landvermessung, von Brache und Neubruch, von Bewässerung und Versalzung oder des Fruchtwechsels sowie über die Maßnahmen zur Bodenbearbeitung. Vermutlich war aber die Autarkie der zentralen Haushalte bereits geschwächt, so dass man versuchte durch die Vergabe von Ernte- und anderen Nutzungsrechten einen gewissen Ausgleich zu erreichen.

Der Anbau von Knoblauch und Zwiebelsorten, die auch als Exportgüter Bedeutung besaßen, wurde durch eine detaillierte Anbauplanung geregelt; auch erfolgte eine Bewuchskontrolle zur Einschätzung der Ernteaussichten.

Gartenbau. Seine Funktion bestand nicht nur in der Produktion von Gemüse und Früchten. Aufgrund der Vergesellschaftung von Gartenbau und Holzwirtschaft im so genannten «Stockwerksanbau» bestand auch eine Verbindung zur Holzproduktion, der wegen der Knappheit dieses Rohstoffes eine erhebliche wirtschaftliche Bedeutung zukam. Neben Apfel- und Feigenbäumen und Dattelpalmen wurden Pappeln, Tamarisken, Pinien, Platanen, Akazien, ‹Langrohr› und Lipārum-Bäume angepflanzt. Die Bepflanzung der Feldraine, wie sie aus ökologischen Gründen (Erosionsschutz) sinnvoll ist, spricht für den Verbund von Garten- und Ackerbau. Eine Urkunde, die Lieferungsaußenstände an Datteln, Weintrauben und Feigen verzeichnet, legt den Schluss nahe, dass auch der Gartenbau planwirtschaftlich organisiert war. Dies galt auch für die *Holzwirtschaft*. Texte über das Fällen von Bäumen geben gleichzeitig detailliert Auskunft darüber, wie die entsprechende Holzernte zu verwenden war. Diese Verwendung wurde bereits vorab bei einer Bewuchskontrolle detailliert festgelegt und schriftlich festgehalten.

Fischerei. Die planwirtschaftliche Organisation dieses Wirtschaftssektors ist gegenwärtig am besten erforscht. Noch Jahrhunderte später, während der Ur III-Zeit (2112–2102), funktionierte dieses System ohne wesentliche Änderungen.

Viehwirtschaft. In diesem Wirtschaftsbereich erfolgten Bestandskontrollen zur Feststellung der Tierzahl und der Verantwortlichkeit, aber auch Prognosen über den zu erwartenden Umfang an Tierprodukten, etwa Wolle, Häute und Milchprodukte. Die Lieferungsmenge wurde in Konten erfasst, wobei die Außenstände, d.h. die nicht erfüllten Lieferungsverpflichtungen, auf Schuldtafeln festgehalten wurden.

Außenhandel Dieser war wohl ähnlich organisiert. Die Kaufleute – man spricht vielleicht besser von Tauschagenten – handelten im Auftrag der großen Institutionen. In Lagasch ist dieser Handel vor allem unter dem Herrscher Lugalanda gut dokumentiert. In diesen Texten werden Städte/Staaten aus ganz Babylonien genannt – Uruk, Umma, Adab, Nippur und Der. Der Fernhandel erstreckte sich in das Golfgebiet bis nach Insel Bahrain (Dilmun) und nach dem südwestiranischen Elam. Unter Lugalandas Nachfolger Uru-inimgina scheint dieser Handel fast völlig zusammengebrochen zu sein. Wie der Außenhandel in die Planwirtschaft eingebunden war, ist kaum zu erschließen. Möglicherweise handelte es sich eher um eine Art staatlichen Geschenkhandel mit anderen Herrschern und Herrscherinnen, der sicherlich dem Primat der Politik unterworfen war. Auch innerstaatlich finden sich zahlreiche Hinweise für die Bedeutung des Austauschs von Geschenken. So erfolgte im Rahmen der verschiedenen Feste im Staate Lagasch ein Austausch von Geschenken durch die verschiedenen Tempelinstitutionen angehörenden Festteilnehmer. Die wirtschaftliche Bedeutung dieser Vorgänge ist allerdings nur schwer zu erschließen.

Die unterste Schicht in der Hierarchie der großen Wirtschaftsinstitutionen bildeten die so genannten ‹Tempelsklaven›. Hierbei handelte es sich zum Teil um gekauftes oder als Kriegsbeute verschlepptes Personal. Manche konnten nach und nach ihre soziale Position verbessern. Das Bild, das wir von ihrer Lage gewinnen, ähnelt in vielem mehr dem von modernen Lohnabhängigen als etwa dem von amerikanischen Sklaven im 19. Jh.

Wie bereits erläutert, lässt sich das Prinzip der altsumerischen Planwirtschaft mit Hilfe eines Schuldner-Gläubiger-Modells recht gut beschreiben. Wenn ‹Privatleute› statt Institutionen nach diesem Modell verfahren, entsteht neben dem öffentlichen auch ein privater Wirtschaftsbereich. Verlangt nun ein ‹privater› Darlehensgeber, der zugleich Funktionsträger einer Institution ist, in der Absicht einen Profit zu erzielen, Zinsen und akkumuliert auf diese Weise Güter, so sprengt dieser Vorgang auf Dauer die wiederverteilende (redistributive) Planwirtschaft. Nach einer Faustregel galt im Alten Orient ein Darlehenszinssatz von etwa 33 Prozent für Gerste und von 20 Prozent für Silber. Der Gläubiger gewinnt durch solche Geschäfte schnell eine wie auch immer geartete Gewalt über den Schuldner. Dadurch wird eine neue Form der Machtausübung möglich, die die älteren Formen von Loyalität und physischer Gewalt überlagert, wenngleich nicht verdrängt. Somit kann außerhalb der Institutionen private Kapitalmacht entstehen, die im Einzelfalle die traditionellen Machtstrukturen ernsthaft gefährden und sogar zu einer Staatkrise führen kann. Noch größere Probleme entstehen aber innerhalb der Institutionen selbst. Die mit einer Funktion verbundenen Verfügungsrechte wurden damals gewissermaßen personalisiert. Die Vererbbarkeit von Funktionen hat diese Tendenz sicher verstärkt. Die Urkunden aus der Zeit vor Uru-inimgina zeigen denn auch, dass der ‹Staat› und seine Wirtschaft als Privateigentum des Herrschers und seiner Familie angesehen wurden. Die erkennbare Tendenz, die Grenze zwischen funktionsgebundenem Besitz und Privateigentum aufzuheben, hat als politisches Problem bis in die Gegenwart nicht an Relevanz verloren. Im antiken Lagasch suchte der König Uru-inimgina mit ‹restaurativen› Maßnahmen dieses Problem zu entschärfen.

Uru-inimgina (Iri-KA-gina) – Herrschaft in der Krise Vor seinem Machtantritt um 2350 v. Chr. war Uru-inimgina Hauptmann in der Miliz. Er dürfte jedoch kein Usurpator gewesen sein, wie man lange vermutete. Seine Gemahlin Sasa stammte wahrscheinlich aus der Herrscherfamilie, und diese Heirat dürfte ihn als Herrscher legitimiert haben. Seine Maßnahmen zur Reorganisation des Staates, die er erstmalig bei seinem Machtantritt verkündete, standen gewiss in Zusammenhang mit einer sich abzeichnenden Krisensituation. Mit der Übernahme der Königswürde proklamierte er eine (erste) Amnestie. Diese galt den wegen Verschuldung (Zinsknechtschaft), Maßverfälschung(?), Betrug(?), Diebstahl und Totschlag im Gefängnis lebenden Personen. Uru-inimgina behauptete, dass er mit dem Staatsgott Ningirsu einen Vertrag darüber abgeschlossen habe, «*dass man Waisen und Witwen dem Mächtigen nicht überantworte*». Ein zentraler Punkt dieser Edikte ist sein Vorwurf, die vorangegangenen Herrscher hätten sich den Grund und Boden der Götter angeeignet. In göttlichem Auftrag habe er es nun unternommen, dies rückgängig zu machen und die Götter wieder in ihre Rechte einzusetzen. Einige Kernpassagen seien hier wörtlich wiedergegeben: «*Es lagen Seite an Seite: das Anwesen des Fürsten bei den Feldern des Fürsten, das Anwesen des ‹Frauenhauses› bei den Feldern des ‹Frauenhauses›, das Anwesen der ‹Kindschaft› bei den Feldern der ‹Kindschaft›.*» ... «*Dies sind die bisherigen (schlechten) Herrschaftsverhältnisse.*»

Zur Begründung seiner Maßnahmen verweist Uru-inimgina dann auf «die gute alte Zeit», die alte gottgewollte Ordnung: *«Das früher geltende entschiedene Schicksal setzte er wieder in Kraft.»* Und die Folge davon war: *«Auf dem Anwesen des Fürsten (und) auf den Feldern des Fürsten ist Ningirsu (der Stadtgott) als Eigentümer eingesetzt; auf dem Anwesen des ‹Frauenhauses› (und) auf den Feldern des ‹Frauenhauses› ist Baba (die Stadtgöttin) als Eigentümerin eingesetzt; auf dem Anwesen der ‹Kindschaft› (und auf den Feldern der ‹Kindschaft› ist Schulschagana (beider Kind) als Eigentümer eingesetzt.»*

Es handelt sich bei den von Uru-inimgina kritisierten Missständen darum, dass institutionelles Eigentum durch seine Vorgänger mehr und mehr als Privateigentum behandelt wurde. Es waren weder das Fehlen einer Vorstellung von Eigentum oder gar eine Wendung gegen Privat- oder Individualeigentum an sich, die Anlass zu Neuregelungen gaben, sondern die konstatierte Aushöhlung der unabhängig vom individuellen Herrscher und, so möchte man hinzufügen, auch seiner Familie funktionierenden großen Institutionen. Hier sei in Auszügen ein Überblick über die wesentlichen Maßregeln des Uru-inimgina gegeben.

Aufkommende ‹Privatwirtschaft› Offensichtlich hatte die aufkommende ‹Privatwirtschaft› zu Ungerechtigkeit und Unzufriedenheit geführt. Insbesondere muss der Missbrauch politischer Macht zur Gewinnung wirtschaftlicher Vorteile das gesellschaftliche Klima vergiftet haben, wie nachfolgende Textstellen erkennen lassen:

«Wird einem ‹Dienstmann des Königs› ein erstklassiger Esel geboren, und sein Aufseher sagt dann zu ihm «ich will von dir kaufen», wenn (jen)er ihn kaufen lässt und ihm daraufhin sagt: «Silber, das mein Herz zufrieden stellt, zahle mir!», oder wenn er ihn nicht kaufen lässt – der Aufseher darf ihn vor Zorn nicht schlagen.» Oder: *«Grenzt das Anwesen eines Höheren an das Anwesen eines ‹Dienstmanns des Königs›, und dieser Höhere sagt dann zu ihm «ich will es kaufen», wenn (jen)er ihn kaufen lässt und ihm daraufhin sagt: «Silber, das mein Herz zufrieden*

Missstand	Gegenmaßnahme
Aneignung der Schiffe durch Obleute	Entfernen dieser Personen
Aneignung des Kleinviehs durch die Herdenverwalter	Entfernen dieser Personen
Aneignung der Fischteiche(?) durch Steuereintreiber	Entfernen dieser Personen
Gerstenabgabe der Guda-Priester	Entfernen des «Speicherverwalters»
Silber statt Naturalabgaben (Opfer)	Entfernen der Verantwortlichen
Einsatz der Pflugrinder des Tempels für den Fürsten	(–)
Fürstenfelder auf Tempeldomänen	Rückgabe
Abgaben der Tempelverwalter (an den «Palast»)	Entfernen der Verantwortlichen
Übergriffe des Mächtigen auf sozial Schwache	Verhinderung; Schutz der Eigentumsrechte
Höhe der Beerdigungsgebühren	Senkung der Gebühren; Bezahlung der Klagepriester aus dem (Tempel-)Haushalt
Ausufern des Landbesitzes der Herrscherfamilie	Restituierung der Tempeldomänen
Übermacht der Prozesskommissare	Abschaffung dieses Personals
Diebstahl und Hehlerei	Abschaffung und Restituierung der Güter

stellt, zahle mir!» (und) «Mein Anwesen ist ein Kasten, füll ihn mir mit Gerste!» oder wenn er ihn nicht kaufen lässt – der Höhere darf ihn vor Zorn nicht schlagen.»

Die zitierten Textstellen unterstreichen, dass es hier nicht um eine grundsätzliche Missbilligung des entstehenden Privateigentums geht. Verurteilt wird vielmehr die Verquickung öffentlicher und privater Interessen einer bestimmten Schicht sowie der Missbrauch öffentlicher Funktionen und wirtschaftlicher

Macht zur Ausplünderung breiter Gesellschaftsschichten. Diese Ausbeutung scheint das Gefüge des lagaschitischen Staates ernsthaft gefährdet zu haben. Von innen heraus führte diese Form der *Privatisierung der Institutionen* zu ihrer Aushöhlung. Von außen drohte durch die in der Hand Einzelner akkumulierte wirtschaftliche Macht ein Verlust ihrer Bedeutung.

Das Ende der frühdynastischen Zeit Nachdem bereits ein Herrscher von Uruk namens Enschakuschana versucht hatte, in Babylonien einen einheitlichen Staat zu schaffen, gelang dies tatsächlich, wenn auch nur kurzfristig, dem aus Umma stammenden Lugalzagesi. Dazu musste er Uru-inimgina von Lagasch ausschalten, der in der Tat in einer Inschrift über diesen Feldzug und die Zerstörung der Tempel berichtet. Uru-inimgina beteuert, an seiner Niederlage schuldlos zu sein, vielmehr habe Lugalzagesi durch den Kriegszug einen Frevel gegen die Götter begangen, für den diese ihn bestrafen sollten.

4.3. Der Staat von Akkad (2340–2200)

4.3.1. Gesellschaftlicher Wandel

Man kann mit guten Gründen vertreten, dass sich die Regierungszeiten von Lugalzagesi und Sargon teilweise überschnitten haben. Mit Blick auf Enschakuschana von Uruk und Lugalzagesi, der jenem wohl unmittelbar nachfolgte, lässt sich feststellen, dass die Idee einer Reichseinheit bereits vor Sargon an Einfluss gewonnen hatte. Mit dem Zeitpunkt, zu dem Sargon Lugalzagesi besiegte, tritt ein neues sprachliches Element, das semitische Altakkadische, ins Licht der Geschichte. Die Mehrzahl der Königsinschriften dieser Epoche, aber auch Briefe und in eingeschränktem Maße auch Urkunden werden fortan in dieser Sprache abgefasst. Der Einfluss des Semitischen ist zwar schon für frühere Jahrhunderte nachweisbar, blieb aber vornehmlich auf Lehnwörter und Namen beschränkt, mit Ausnahme jener semitischen Texte aus den etwas älteren Tontafeln aus Nordsyrien.

Die Herrschaft der Dynastie von Akkad mit ihren Institutionen hat gewiss nicht an einem Nullpunkt begonnen; der Einfluss nordbabylonischer Institutionen wurde ebenso bereits erwähnt wie der aufkommende Eigentumsbegriff und jene Wirtschaftsbereiche, die man der zentralen Kontrolle zu entziehen suchte. Man hat vermutet, dass der Zugang zu den Flüssen und Kanälen und die dadurch ermöglichte Wasserkontrolle über den Süden zum raschen Aufstieg der Akkad-Dynastie beigetragen haben.

Die noch immer nicht ausgegrabene Stadt *Akkad*, nach der diese Epoche benannt wird, bietet wohl den ersten Hinweis auf den planmäßigen Bau einer weitgehend neu konzipierten «Residenzstadt». Sie war das Regierungs- und Verwaltungszentrum eines zentral regierten Reiches. Auffällig ist, dass die Dynastie von Akkad nicht etwa das altberühmte Kisch als Hauptstadt wählte, obwohl die Herrscher von Akkad mit ihrem Titel «König des Alls», der sumerisch ursprünglich «König von Kisch» bedeutete, bewusst auf diese alte Tradition zurückgriffen. Neben dynastischen Gründen waren für diese Entscheidung wohl auch pragmatische Gesichtspunkte von Bedeutung: Die Herrschaft der Akkad-Zeit beruhte vor allem auf familialer und persönlicher Loyalität. Immer wieder lesen wir von Aufständen lokaler Potentaten und den sich um sie scharenden alten Eliten, welche sich dem Griff der altakkadischen Herrscher zu entwinden suchten. Jedoch fanden Revolten nicht nur in Südbabylonien statt, das ja eine ganz andere Herrschaftskonzeption besaß, sondern auch im ‹semitischen› Nordbabylonien, ja sogar in der alten Zentralstadt Kisch. Wir wissen, dass die altakkadischen Herrscher versuchten, diese Städte unter Kontrolle zu halten, in dem sie außerhalb der Städte Militärgarnisonen errichteten und loyale «akkadische» Bevölkerung ansiedelten. Sargon berichtet sogar, dass: «*vom unteren Meere her Söhne von Akkadern die Fürstenpositionen inne hatten*». Es liegt also nahe, dass Akkad auch deshalb als Residenzstadt gewählt wurde, um den Herrschern ihre Handlungsfreiheit gegenüber den anderen Städten zu sichern. Sie schufen sich damit eine eigene Machtbasis. Die spätere mesopotamische Geschichte bietet für solches Vorgehen weitere Beispiele.

4.3.2. Sargon – der Aufbau eines Reiches

Mit einiger Sicherheit erklärt sich die überlange Regierungszeit von 56 Jahren, welche die Sumerische Königsliste Sargon zumisst, dadurch, dass darin die anfänglichen 16 Jahre einer regional begrenzten Herrschaft Sargons inbegriffen sind. In der späteren Überlieferung – was immer ihr historischer Hintergrund sein mag – heißt es: «*Ich bin Sargon, der große König, der König von Akkad. Meine Mutter war eine Hohepriesterin; meinen Vater kannte ich nicht. Meines Vaters Brüder wohnten in Obermesopotamien.*» Weiter berichtet der Text, dass seine Mutter ihn heimlich geboren, ihn in einem Weidenkorb im Euphrat ausgesetzt habe und er bei einem Gärtner als Adoptivsohn großgezogen worden sei. Nach anderen Texten wurde er dann Mundschenk eines Königs Ur-Zababa von Kisch, um späterhin seine Karriere als Herrscher zu beginnen.

In geschichtlicher Hinsicht korrespondiert dies damit, dass Sargon Südbabylonien, das eigentliche Land Sumer, erst relativ spät erobert hat. Bemerkenswert ist sein Bericht, demzufolge er die alte nordbabylonische Hauptstadt Kisch ‹wiederherstellte›. Jedenfalls nahm Sargon nach mindestens drei Kriegen gegen Lugalzagesi und dessen 50 Stadtfürsten umfassende Koalition, diesen gefangen und brachte ihn im Halsstock und nackt vor den Gott Enlil nach Nippur. Doch nicht nur «Sumer» hatte er unterworfen, auch Siege über die östlich gelegenen Gegenden von Elam und Simurrum sind bezeugt. Seine Behauptung, er habe die «*Waffen im oberen Meere gewaschen*», deutet auf die Siege über das westlich gelegene Mari und das nur rund 100 Kilometer östlich vom Mittelmeer gelegene Ebla hin und ist wohl historisch verlässlich.

Unter Sargon wird erstmals der Versuch unternommen, Maße und Gewichte landesweit zu vereinheitlichen. Bisher war dies nur im Rahmen der Kleinstaaten geschehen, wo immerhin alte lokale Maß-Traditionen abgelöst worden waren. Sargon behauptet ferner, den Handel mit Dilmun (Bahrain) erneuert und nach der Stadt Akkad umgeleitet zu haben, die Hunderte von Kilometern vom Golf entfernt lag. Nach den halbmythischen Urukherrschern Enmerkar, Lugalbanda und Gilgamesch tritt uns mit Sargon wieder ein König gegenüber, der in den späteren Traditionen heroisiert wird; der unter Naram-Sîn bezeugte Personenname «*Sargon ist mein Gott*» mag sogar auf seine (postume?) Vergöttlichung hindeuten.

Das Machtsystem Sargons und seiner Nachfolger beruhte überwiegend auf persönlicher Loyalität. Verdiente Offiziere erhielten Landzuweisungen, vornehmlich in dem noch immer zu einem Großteil von den Tempeln und ihren Priestern verwalteten Südbabylonien. Der bereits erwähnte Versuch Sargons, im babylonischen Süden loyale Stadtfürsten zu installieren, stieß aber auf Widerstand und blieb letztlich erfolglos. Mit der Einsetzung seiner Töchter als Hohepriesterinnen versuchte er aber von innen auf die Politik der Tempel Einfluss zu nehmen – ein Beispiel, dem nahezu alle späteren Herrscher folgten.

Zwei jüngere Epen, die an die Taten Sargons erinnern, seien an dieser Stelle kurz erwähnt: «Sargon der Eroberer» überliefert das prototypische Bild eines siegreichen altakkadischen Eroberers und Königs. Der Text beginnt mit einer Rede Sargons an die Krieger; ein auserwählter Soldat fordert Sargon auf, seine Worte in Taten umzusetzen. Ein Höfling weist auf den Ruhm hin, der aus Kriegstüchtigkeit resultiert. Nun wird vom Zug in das Land Simurrum in Zentralanatolien und von dessen Eroberung berichtet. Nach der Schilderung von Siegen über das westliche Amurru, das nördliche Subartu und die Stadt Karkemisch endet der Text in einem Selbstpreis Sargons: «*Wohlan, der König der mir gleichkommen will, wo ich hingegangen bin, möge auch er hingehen!*» Das Thema des Epos «König des Kampfes» ist der Kriegszug nach der Stadt Puruschchanda in Zentralanatolien. Jene Gegend verfügte über einen unermesslichen Reichtum an Holz, Mineralien und exotischen Früchten. Der Text vermengt wahrscheinlich altakkadisches Material mit Nachrichten über die erst später bezeugten Handelskontakte Altassyriens mit Anatolien. Obwohl sich der anatolische Herrscher unterwirft, scheint die Expedition jedoch insgesamt ein schlecht getarnter Misserfolg gewesen zu sein, da Sargon oder seine Krieger am Ende des Textes erklären: «*Niemals wollen wir hierher zurückkehren, selbst wenn das Land alle Arten von Früchten trägt…*

Was ist der Nutzen, wenn man alle den langen Weg herkommt und nur gerade hier sitzt?»

4.3.3. Enhedu'ana – Priesterin und Literatin

Sargon inthronisierte seine Tochter Enhedu'ana als Hohepriesterin des Mondgottes in Ur; sie übte noch unter seinem dritten Nachfolger Naram-Sîn ihr Amt aus. Enhedu'ana ist wohl die bedeutendste Frauengestalt des 3. Jahrtausends. Sie galt als Frucht einer Verbindung des Herrschers mit einer Hohepriesterin von Ur. Von ihr selbst oder in ihrem Namen wurden zahlreiche Literaturwerke geschaffen bzw. zusammengestellt. Sie bestimmen unseren Eindruck von der älteren mesopotamischen Literatur ganz wesentlich. Auch wenn der Stellenwert der in diesen Werken enthaltenen politischen Anspielungen umstritten ist, so steht doch die Tatsache, dass die Enhedu'ana-Texte maßgeblich zur Synkretisierung der sumerischen und akkadischen Religionen beigetragen haben, außer Zweifel. Man gewinnt sogar den Eindruck, Enhedu'ana habe ein religionspolitisches Programm der Harmonisierung dieser Religionen vertreten, um den traditionellen Religionszentren die weltanschauliche Rechtfertigung für die politischen Taten der altakkadischen Herrscher zu liefern.

Zwei Enhedu'ana-Texte «Herrin aller Me»* und «Oberherrin, Mutige» beginnen mit einer breiten hymnischen Einleitung und handeln von der Stellung Inanas im Pantheon, insbesondere von ihrer Erhöhung zur Gemahlin Ans. Der Anfang von «Herrin aller Me» lautet:

«Herrin aller Me, strahlend erschienenes Licht, rechte Frau, Strahlenglanz tragend, mit großartigen Ornamenten geschmückt, Gespielin/Göttin des Himmels, geliebt in Himmel und Erde, die die rechte Krone liebt, zur Priesterschaft inthronisiert, deren Hand alle «sieben» Me erreicht hat: O meine Herrin, aller gro-

---

* Me, üblicherweise mit «(göttliche) Kräfte» übersetzt, ist ein zentraler, nahezu unübersetzbarer Kernbegriff der sumerischen Religion. Er meint die auch gegenständlich vorgestellten Prinzipien der Ordnung der Welt: Die Me des Königtums sind ebenso die Insignien, wie die ihnen inne wohnenden Mächte.

ßen Me Versammlerin bist Du!» Es folgt eine Schilderung der Göttin als Kampfessturm und Zerstörerin, und die großen Götter fliehen vor ihr wie Fledermäuse. Die Göttin ist die älteste Tochter des Mondgottes. Sie macht sich das Fremdland botmäßig. Als sie jedoch die Stadt Uruk verlässt, die ihrem ‹Vater› An gehört, hört das Geschlechtsleben auf. Es folgt ein Lobpreis der Größe der Göttin, die mit Enhedu'ana parallelisiert wird; sie muss Ur verlassen, und lebt «in Quarantäne». Als Grund dafür wird die Hybris eines gewissen Lugalane genannt. Hierbei handelt es sich vielleicht um einen Namen des Herrschers Amar-Girid von Uruk, der unter Naram-Sîn den Aufstand der sumerischen Südkoalition leitete. Die Städte Ur und Uruk werden verflucht, da sie sich gegen ihre Götter vergangen hätten. Enhedu'ana klagt dann dem Mondgott ihr Schicksal. Sie fleht auch zur «Venusgöttin» Inana, die nun als «Geliebte von An» bezeichnet wird, und deren fortan gültiger Titel «Erste Königin», den früheren Titel der «Jüngeren Königin» ersetzt. Offensichtlich wird Inana nunmehr zur offiziellen Gemahlin des Himmelsgottes.

Der andere Text beginnt folgendermaßen: «*Oberherrin, Mutige, Fürstin des Kampfes, stolzeste der Anuna-Gottheiten, alle Länder überschreitend, große Tochter des Mondgottes, berühmt unter den großen «Prinzen», Fürstin, Tatkräftige, die alle Me sammelt, mit dem Himmelsgott gleichgestellt, Stärkste unter allen großen Göttern, die ihnen die ‹Zeichen› vollendet(?), auf ihr erhabenes Wort hin kriechen die Anuna-Götter. Dieses (Wortes) «Weg» kennt der Himmelsgott nicht, er kann gegen ihren (der Göttin) Befehl nicht angehen.*» Besonders erstaunlich ist dabei die wiederholte Betonung der Überlegenheit Inanas über den Himmelsgott. Sie erscheint als ‹Allmächtige›, zuständig für nahezu alle Lebensbereiche: «*Ohne Dich wird keinerlei Schicksal entschieden; kein ausgefeilter Ratschluss findet Zustimmung; Laufen, Fliehen, Beruhigen (und) Befrieden sind Deins, Inana; Herumirren, Beeilen, Fallen, Aufstehen sind Deins, Inana; ... Zerstören und Aufbauen, Herausreißen und Gründen sind Deins, Inana; einen Mann zur Frau machen und eine Frau zum Mann machen sind Deins, Inana; Anziehung und Begierde, Er-*

werb von Gerätschaften und Inventar sind Deins, Inana; Überschüsse, Profit, riesige Bilanzgewinne sind Deins, Inana; ... das Zuweisen von Zeugungskraft und Lebenskraft und der (dafür zuständigen) Lebensgeister ist Deins, Inana; ... das Vertauschen des Brutalen und Starken und des Hilflosen und Schwachen ist Deins, Inana!»

Ein weiterer Enhedu'ana zugeschriebener Text ist zur Zeit Sargons im Kern bereits einige Jahrhunderte alt. In der spätfrühdynastischen Zeit, im 26. Jahrhundert v. Chr., entstand ein Zyklus von Hymnen zur Lobpreisung von Tempeln und Gottheiten. Der Zweck des Zyklus lag offenbar darin, ein gemeinschaftliches Pantheon des Landes vor Augen zu führen und die Einheit Babyloniens zu erweisen. Kein Wunder, dass dieses Werk Enhedu'anas Interesse fand, denn offensichtlich war es ihre Absicht die religiöse Grundlage für die Einheit Babyloniens bereitzustellen und den Zusammenhang zwischen Nord- und Südbabylonien zu sichern. Was Enhedu'ana dem Vorläufertext hinzufügte, etwa akkadische Gottheiten und ihre Kultplätze, zeigt ihr Bemühen, die semitisch-akkadische Überlieferung mit der sumerischen zu harmonisieren. In dieser Hinsicht war sie recht erfolgreich, wie das Beispiel der Stadtgöttin von Akkad, der semitischen «Venusgöttin» Aschtar oder Ischtar zeigt, die eine der bedeutendsten Gottheiten der altakkadischen Zeit gewesen ist. Ihre Gleichsetzung mit der sumerischen Inana macht es uns heute unmöglich, Züge der «Ischtar von Akkad», oder der «kriegerischen Ischtar» von jener alten Göttin Inana von Uruk sicher zu scheiden. Man kann nur vermuten, dass die Betonung des kriegerischen Aspektes der Venusgöttin ein eher semitisches Erbe gewesen war. Im Übrigen vernachlässigten die altakkadischen Herrscher den Kult der alten sumerischen Götter keineswegs. So führte bereits Sargon den besiegten Lugalzagesi vor den Hauptgott Enlil nach Nippur und ließ dort auch am Mondfeiertag des Neulichtfestes Opfer durchführen. Auch sonst scheinen die altakkadischen Herrscher die traditionellen Rituale im «sumerischen» Süden durchgeführt zu haben.

4.3.4. Manischtusu und Rimusch – Fortsetzung der Dynastie

Diese beiden Söhne sind Nachfolger Sargons. Man hat aufgrund der bisher bekannten Königsliste angenommen, dass Rimusch, der jüngere Bruder, zuerst herrschte und ihm dann nach neun Jahren der ältere Manischtusu folgte. Eine vor kurzem veröffentlichte deutlich ältere Liste legt nun eine umgekehrte Herrscherfolge nahe. Obwohl die Regierungszeit des Manischtusu einhellig mit 15 Jahren angegeben wird, zeigt dieser Fall doch exemplarisch, wie problematisch chronologische Fragen weiterhin bleiben.

Ein etwa eineinhalb Meter hoher Obelisk Manischtusus aus dem schwarzen, sehr harten Diorit verzeichnet den Ankauf von acht Parzellen Land mit insgesamt 2430 ha im nördlichen Babylonien. Die als Verkäufer genannten Familien erhielten einen angemessenen Preis. Hintergrund dieser Transaktion wie auch der Konfiskation von Ländereien im südlichen Babylonien war gewiss die Notwendigkeit, verdiente Militärs und deren Angehörige mit Lehen zu belohnen und sich somit ihrer Unterstützung zu versichern. Solche Maßnahmen erzeugten aber auch Widerstand und bildeten den Hintergrund für die zahlreichen Aufstände während der akkadischen Herrschaft. Militärexpeditionen führten in die weitere Umgebung des Golfes, nach Elam und in das Gebiet des heutigen Oman.

Rimusch war zu Beginn seiner Regierung mit Aufständen im Süden des Landes konfrontiert, die wohl von Führungsschichten jener sumerischen Städte getragen wurde, die Sargon versucht hatte, durch neue akkadische «Fürsten» zu entmachten. Er berichtet von Zehntausenden von Toten und unzähligen Gefangenen: Teile der Bevölkerung verbrachte er in Arbeitslager, und man hat geschätzt, dass die rebellierenden Städte etwa ein Drittel der erwachsenen männlichen Arbeitskräfte verloren. Diese Verluste erleichterten möglicherweise die Zuweisung großer Ländereien an die Gefolgsleute des Herrschers, teilweise hohe Militärs. In der Folge war es Rimusch möglich, auch eine Kampagne gegen das südwestiranische Elam zu führen.

Der Staat von Akkad (2340–2200) 71

4.3.5. Naram-Sîn – der Sieger wird Gott

Naram-Sîn, Sohn Manischtusus und Enkel Sargons, hat an Bedeutung seinen Großvater vielleicht noch übertroffen. Seine Regierung dauerte der Königsliste zufolge 54 1/2 Jahre. Bei seinem Regierungsantritt erhielt er vom Gott Enlil in Nippur – aus der Hand der Priesterschaft – eine Waffe, offensichtlich ein Zeichen für die Zustimmung der (sumerischen) Tempelhierarchie. Obwohl manche chronologische Fragen seiner Regierungszeit noch ungeklärt sind, kann man grob unterscheiden zwischen den Ereignissen vor und nach der Vergöttlichung des Königs.

Erste Kampagnen führten ihn in die Gegend von Mossul, Richtung Kilikien und gegen die im Dschebel Bischri ansässigen Amurriter. Ausdrücklich erwähnt wird, dass er persönlich in diesem Kampf involviert war. Aber auch in den Süden und weiter bis nach Oman drang er vor.

Das folgenreichste Ereignis während der Regierungszeit des Naram-Sîn war jedoch «der große Aufstand», als *«die vier Weltgegenden insgesamt gegen ihn rebellierten.»* Unter der Führung

Abb. 11: Oberteil der Siegesstele des Naram-Sin

der alten akkadischen Stadt Kisch in Nordbabylonien und des immer noch bedeutenden Uruk im Süden rebellierten weite Teile von Sumer und Akkad. Nach der Niederwerfung zunächst von Kisch und dann auch von Uruk – Naram-Sîn berichtet von «*neun Schlachten in einem einzigen Jahr*» – gelang ihm nach einer Verfolgungsjagd durch das Osttigrisgebiet bis nach Nordsyrien die Gefangennahme des Anführers der Uruk-Koalition. In der Tat scheint der Sieg gegen die Aufständischen – annähernd 14 000 Getötete und Gefangene werden genannt – nur mit größter Mühe möglich gewesen zu sein. In der Folge wird der Herrscher nun vergöttlicht – ein Vorgang, den er wie folgt beschreibt:

«*Weil Naram-Sîn in dieser Gefahr die Fundamente seiner Stadt gefestigt hatte, erbaten die Einwohner seiner Stadt bei der Göttin Ischtar in E'ana [und den Göttern von weiteren acht Kultzentren] ihn zum Gott ihrer Stadt (Akkad) und errichteten für ihn inmitten von Akkad seinen (Naram-Sîns) Tempel.*» Dieser Vorgang, einen lebenden Herrscher aufgrund seiner Verdienste zu vergöttlichen, ist neu; in der Folge wird der Name des Herrschers mit dem Gottesdeterminativ geschrieben, abgebildet wird er mit dem Gotteskennzeichen, der Hörnerkrone. Eine Vergöttlichung nach dem Tode oder diejenige eines Abbildes hat einen völlig anderen Stellenwert. Auch die Göttlichkeit im Vollzug eines Amtes oder eines Rituals ist von einer Vergottung des Individuums zu Lebzeiten deutlich zu trennen. Ein Ziel der Vergöttlichung des Naram-Sîn aber war seine Gleichstellung, *de facto* und *de iure*, mit den übrigen Gottheiten des sumerisch-akkadischen Pantheons.

Von großer Bedeutung ist auch das militärische Ausgreifen dieses Herrschers in den nordsyrischen Raum, jener von Amurritern besiedelten Gegend, die er militärisch und verwaltungstechnisch in das Reich von Akkad einzugliedern suchte.

4.3.6. Scharkalischarri – Bedrohung und Instabilität

Als Scharkalischarri den Thron bestieg – er tat als Königssohn bereits unter Naram-Sîn in Nippur Dienst –, übernahm er in ziviler wie in militärischer Hinsicht die Probleme seines Vaters Naram-Sîn. Aus einem (frühen) Jahresnamen seiner Regierungszeit geht hervor, der Herrscher sei «*nach Sumer hinunter gezogen*». Dies mag entweder auf seine Approbation durch die weiterhin nach Unabhängigkeit strebenden Stadtfürsten des Südens oder auch auf die traditionelle Verleihung des Königtums im alten sumerischen Kultzentrum Nippur anspielen. Letzteres scheint bestätigt durch Urkunden über Aufwendungen für die Reisen des Königs, die in sein erstes Regierungsjahr zu datieren sind. Jedenfalls setzte Scharkalischarri die Arbeiten am Ekur-Tempel des Enlil in Nippur fort; ein Jahresname enthält sogar die Übertreibung, dass er diesen Tempel gegründet habe. Die Tatsache, dass er mit der Beaufsichtigung seiner Errichtung den Militärgouverneur Puzur-Aschtar betraute, zeigt, dass ganz in der Tradition der Arbeitsverpflichtung, die «Soldaten» nicht nur militärische, sondern auch zivile Aufgaben hatten. Ein Teil der in Nippur gefundenen Urkunden handelt wohl von den Aufwendungen, die für die bei diesen Bauarbeiten beschäftigten Truppen geleistet werden mussten.

Erwähnenswert sind aus der Herrschaftszeit des Königs ferner eine Expedition zu den «*Quellen von Euphrat und Tigris*» und das Fällen von Zedern im Amanus-Gebirge. Das wertvolle Holz scheint zum einen für den Bau des Enlil-Tempels verwendet worden zu sein, zum anderen auch zum Bau eines Ischtar-Tempels in Babylon.

Dass die Verhältnisse unter Scharkalischarri durch zunehmende Instabilität gekennzeichnet waren, lässt sich seinen eigenen Inschriften und insbesondere auch weiteren Jahresnamen entnehmen, selbst wenn eine genauere Datierung der darin erwähnten Ereignisse noch nicht möglich ist.

Auch Scharkalischarri erwähnt in einer Inschrift, dass «die vier Weltgegenden» gegen ihn rebellierten. In diesen Zusammenhang könnten folgende Expeditionen gehören: Im Dschebel Bischri ging er gegen die Amurriter vor, bei der Stadt Akschak gelang ihm ein Sieg gegen eine elamische Koalition. Das Vordringen der Gutäer, die – neben internen Problemen – letztlich für das Ende des altakkadischen Reiches verantwortlich sind, deutet sich in einem Jahresnamen an, in dem der Herrscher einen Sieg über sie behauptet. Welche Gefahr die andauernden gutäischen Beutezüge in die mesopotamische Tiefebene darstellten, ist auch aus einem Brief bekannt, der von Viehdiebstahl und den notwendigen Gegenmaßnahmen berichtet.

Aber auch in Sumer selber verlor Scharkalischarri langsam die Kontrolle. In Lagasch, Ur und anderen Orten gewannen lokale Fürsten eine gewisse Unabhängigkeit. Wie ein anderer Brief nahe legt, war es dem König auch nicht mehr möglich, lokale Dispute zu schlichten. Auch der Königsliste zufolge herrschten nach Scharkalischarris Tod im Lande anarchische Zustände. Wie Rimusch und Manischtusu war der Herrscher offensichtlich während einer Palastrevolution getötet worden. Nur wenige seiner Nachfolger sind für uns historisch fassbar. Die Auflösung des Reiches schritt offenbar schnell voran. Mit den Worten «*Wer war König – Wer war nicht König*» charakterisiert die Königsliste diese Verhältnisse.

4.3.7. Macht der Eroberer – die Könige von Gutium

Die längste Inschrift aus dieser Epoche stammt von einem in der Sumerischen Königsliste nicht genannten König Erridu-pizir, «*dem Mächtigen, dem König von Gutium und der vier Weltgegenden*», die in Nippur auf dem so genannten «Tafel-Hügel» gefunden wurde. Der Herrscher nennt den König einer Stadt Madga, den er besiegt, durch «das Tor des Gottes von Gutium» getrieben und getötet habe. Interessant ist, dass die Inschrift fortfährt mit dem Bericht über die Weihung einer Statue des Herrschers für den Gott Enlil in Nippur. Zudem bezeichnet dieser Gutäer den Familiengott der altakkadischen Dynastie auch als seinen eigenen Clan-Gott. Wir erkennen hier, beim vielleicht ersten Herrscher der Gutäer Dynastie, die Absicht sich in die alte Tradition des mesopotamischen Königtums einzureihen. Somit erhält auch er seine Legitimation durch die Priesterschaft von Nippur. Eine zweite Inschrift dieses Herrschers bezeugt eine Kampagne gegen Simurrum und Urbilum (dem heutigen Erbil), im Gebiet des Unteren Zab, südlich von Assur. In diesem Zusammenhang werden auch die Lullubäer genannt, deren Name noch Jahrhunderte lang ein Synonym für die Bedrohung der mesopotamischen Tiefebene darstellte. Aus dem Kriegszug brachte man reiche Beute nach Hause – Pferde, Groß- und Kleinvieh. Seinen Abschluss fand er mit der Weihung einer (zweiten(?)) Herrscherstatue im Enlil-Tempel in Nippur.

4.3.8. Nur am Rande? –
Mari am oberen Euphrat, Ebla in Syrien und andere Städte

Im Gegensatz zur frühdynastischen Zeit, die uns eine Reihe von Königen von Mari durch eigene Inschriften und im Kontext mit ihren Gegenspielern im syrischen Ebla überliefert, wissen wir über die Stadt nach ihrer Zerstörung durch die altakkadischen Herrscher nur wenig. Von Sargon bis Naram-Sîn scheint sie unter altakkadischer Kontrolle gestanden und keine besondere Rolle gespielt zu haben. Noch in späterer Zeit wurden Statuen von Sargon und Naram-Sîn in Mari kultisch verehrt. Aus dem Ende der altakkadischen und aus der Gutäer-Zeit sind nur Inschriften einer Reihe von Militärgouverneuren bekannt, deren letzter, Apil-kīn, ein Zeitgenosse des Ur-Namma von Ur gewesen ist (um 2100 v. Chr.).

Die in der frühdynastischen Zeit blühende Stadt Ebla in Nordwestsyrien wurde unter Naram-Sîn dem Erdboden gleich gemacht. Damit endete eine Epoche, über die wir vor allem durch ein großes frühdynastisches Tontafelarchiv aus dem Palast der Stadt außergewöhnlich gut informiert sind. Trotz einer Abhängigkeit von sumerischen Schreibtraditionen, verbessern die großteils mit sumerischen Wortzeichen und mit Silbenzeichen einer westsemitischen Sprache geschriebenen Texte unsere Kenntnis dieser eigenständigen Kultur. Ihr Einfluss auf die politischen und sozialen Strukturen des 3. Jahrtausends muss erheblich gewesen sein, bedarf aber noch weiterer Forschungen.

Gering ist auch unsere Kenntnis über die Regierenden aus anderen Städten, wobei insbesondere deren Verhältnis zur Zentralmacht undeutlich bleibt. In der Regel gehören die Texte chronologisch an den Ausgang der Akkad- bzw. in die Gutäer-Zeit, d. h. um etwa 2100 v. Chr. Da die Quellen aus vielen verschiedenen Orten stammen, sind sie auch Zeugnis eines zunehmenden Selbstbewusstseins der Städte.

4.4. Die Gudea-Dynastie (2122–2095)

4.4.1. Der Beginn einer sumerischen «Renaissance»

Nach dem Untergang des Reiches von Akkad gewinnt erneut für eine kurze Zeitspanne eine Herrscherfamilie aus dem südmesopotamischen Staate Lagasch geschichtliche Bedeutung. Auch wenn die zeitliche Einordnung der Gudea-Dynastie noch nicht völlig gesichert ist, so hat sie sich wohl zum Teil mit der Regierungszeit des Gründers der III. Dynastie von Ur, Ur-Namma, überschnitten (ab 2112 v. Chr.). Auffällig ist, dass auch diese sog. II. Dynastie von Lagasch in der Sumerischen Königsliste nicht genannt wird, obwohl ihre Bedeutung mit Sicherheit die von manchen der dort aufgenommenen Dynastien übertrifft. Gudea war nicht einfach irgendein «Kleinfürst», sondern hat gewiss in Südmesopotamien bedeutenden Einfluss besessen.

Von den ersten Herrschern haben wir nur wenige Nachrichten. Ur-Baba, der Vater von Gudeas Frau Ninalla, berichtet über Bautätigkeiten für verschiedene Götter im Staate. Zumindest Einfluss, wenn nicht politische Oberhoheit, muss dieser Ur-Baba auch in Ur gehabt haben, wo eine andere Tochter als Hohepriesterin des Mondgottes fungierte. Noch zwei spätere Nachfolger – so auch der letzte gesicherte Herrscher dieser Dynastie, Namahani – heirateten Töchter Ur-Babas. Nicht in jedem Fall ging die Herrschergewalt vom Vater auf den Sohn über; Thronprätendenten konnten diesen Anspruch auch durch Einheirat in die herrschende Familie erwerben.

4.4.2. Gudea – ein Friedensfürst?

Die Inschriften des Herrschers Gudea (ca. 2122–2102 v. Chr.) sind vor allem in zweierlei Hinsicht von Bedeutung. Mit der Auffindung seiner Texte – allzumal der berühmten, zum Großteil im Louvre aufbewahrten Statuen durch den französischen Ausgräber L. Heuzey – und deren Entzifferung durch F. Thureau-Dangin – etablierte sich die Sumerologie als eigenständige Unterdisziplin der Assyriologie. Zum anderen lieferten diese Texte das erste umfangreiche Corpus an Originalinschriften in sumerischer Sprache, dem für die Rekonstruktion der Grammatik und die Deutung der sumerischen Wörter eine außerordentliche Bedeutung zukommt.

Über die Herkunft von Gudea, Schwiegersohn des Ur-Baba, wissen wir nichts. Gudea bezeichnet sich selbst als einen, «*der keine Mutter hat, der keinen Vater hat*». Allerdings benutzt er diese Behauptung, um sein Kindschaftsverhältnis zur Göttin Gatumdu, der alten Muttergöttin der Stadt Lagasch, zu betonen. Es ist das seit alters vertraute Thema der Gotteskindschaft, das hier wieder aufscheint. Jedoch spricht er auch von der in NINA-Siraran beheimateten Nansche als seiner «Mutter». Die Implikationen solcher Aussagen bleiben undeutlich. Jedenfalls hat man den Eindruck, dass seine Herkunft aus der «Namenlosigkeit» ihm nicht abträglich war.

Wie später noch bei seinem Nachfolger Ur-GAR ist auch von Gudea eine zweite Gemahlin bekannt, die den Namen Nininimgina trug. Ob diese, unter der Voraussetzung, dass die Ehen monogam waren, Ninalla als Ehefrau nachfolgte, wie man angenommen hat, lässt sich derzeit nicht erweisen. Die Ur III-Herrscher jedenfalls hatten mehrere Frauen zur gleichen Zeit, auch wenn man nur jeweils eine als «regierende» Königin ansehen möchte.

Unter Gudea bildeten, wie schon zur frühdynastischen Zeit, die drei Städte Lagasch, Girsu (Residenzstadt und Kultzentrum) sowie NINA-Siraran das Kernland des Staates. Von Bedeutung ist auch ein Ort E-NIN-MAR.KI – Gu'aba, der seit alters als Meerhafen des Kleinstaates fungierte. Die drei Hauptorte lagen am «Kanal, der nach NINA fließt», auf dem seit den Zeiten des mutmaßlichen Staatsgründers Ur-Nansche Schiffsprozessionen durchgeführt wurden. Neben den Namen dieser Städte sind ferner solche einer größeren Zahl von kleineren Siedlungen auf uns gekommen. Hierunter finden sich auch erstmals Ortsnamen des Typs «Dorf/Weiler des [Personenname]». Dies steht wohl in Zusammenhang mit der Tatsache, dass sich ab der altakkadischen Zeit auch Ortsangaben wie «Feld des [Personenname]» in immer größerem Umfange nachweisen lassen. Beides steht sicher in Verbindung mit zunehmenden privaten Verfügungsrechten über Land, vielleicht auch mit Neulanderschließung.

Die Gesamtgröße des Staatsgebietes bleibt ebenso unklar wie seine Einwohnerzahl; beides dürfte zudem beträchtlichen Schwankungen unterworfen gewesen sein. Schätzungen schwanken für die Gudea-Zeit zwischen 3000 km² und 1500 km², d. h. also mindestens ein Gebiet von rund 50×30 km. An dieser Stelle vorgezogen sei der Hinweis auf eine unter Schulgi (2093–2046) belegte Neugründung einer Siedlung mit Namen Uru-Schulgi-sipakalama (wörtl. «Stadt: Schulgi (ist) der Hirte des Landes)». Dieser Neugründung wurde eine Ackerfläche von rund 40 km² zugeordnet. Allerdings sind Staatsgebiet und Einflussbereich zwei gänzlich verschiedene Dinge, auch wenn sie noch so schwer zu unterscheiden sind. Neben der eigentlichen Staatszugehörigkeit sind viele andere Beziehungen denkbar. Sie reichen von friedlichem Nebeneinander mit wirtschaftlichen oder kultischen Beziehungen, bis hin zu rein diplomatischen Verbindungen. Hier ist an die politisch-religiöse Rolle der altberühmten Stadt Nippur zu erinnern. Diese Stadt galt seit alters als Legitimationszentrum der ‹sumerischen› Könige. Und Herrscher, die von Enlil gekrönt wurden, übten eine gewisse Oberhoheit in Sumer aus, ohne dass man dies vorschnell als Zeugnis einer «Reichseinheit» interpretieren sollte. Wie die oben skizzierten Quellen der frühdynastischen Zeit allerdings nahe legen, dürfte diese «Oberhoheit» eines Herrschers mit gewissen Rechten verbunden gewesen sein – etwa jenem, Arbeitskräfte für gemeinschaftliche Unternehmungen wie Tempelbau oder Kriegszüge zu rekrutieren.

Im Zentrum von Gudeas Wirken standen, seinen Texten zufolge, die Bautätigkeiten für die Staatsgötter, vor allem der Neubau des zentralen Tempelkomplexes von Girsu, des Eninnu. Hierher gehört die im Alten Orient so beliebte Selbstdarstellung des Herrschers als Bauherr, die sich unter Gudea exemplarisch ausprägt. Im Tempelbau für die Götter erfüllte sich präzise der menschliche Lebenssinn, der «Gottesdienst», wie er in der mesopotamischen Schöpfungsmythologie formuliert wird. So findet im berühmten Bild des Gudea als «Architekt mit dem Plan» *das* bildlichen Ausdruck, was er in seinen literarischen Zeugnissen als Inbegriff seiner Weisheit rühmt: die Fähigkeit in rechter Weise für seinen Staatsgott Ningirsu ein Heiligtum zu bauen.

Weisheit umfaßt dabei im ganzen Alten Orient Technisches wie Mantisches, Normenverständnis ebenso wie Denkvermögen; ganz wesentlich sind alle einschlägigen sumerischen Begriffe dem Konzept der Wahrnehmung, der Empirie, verhaftet.

Neben der Selbstdarstellung als Bauherr ist diejenige als Hirte für das Selbstverständnis mesopotamischer Herrscher von herausragender Bedeutung. Gudea ist vom Stadtgott Ningirsu zum Hirten des Landes Sumer berufen und zwar ist er der «*recht(mäßig)e Hirte, der aufgrund des beständigen Wortes (seines Stadtgottes) Ningirsu ... ins Innere berufen wurde.*» Bei Gudea findet sich auch erstmals die Verbindung zwischen dem «*recht(mäßig)en Hirten*» und der Weisheit des Herrschers, «*der Großes in die Tat umsetzen kann*», worunter konkret sein Tempelbauvorhaben zu verstehen ist. Beide Bilder lassen sich als Inszenierungstypen bis in die Neuzeit verfolgen.

Ganz im Unterschied zu den Herrschern der altakkadischen Zeit findet sich bei Gudea nur einmal eine Andeutung über eine kriegerische Unternehmung. In einer Statueninschrift berichtet er, dass er Anschan und Elam, also iranische Gebiete, mit der Waffe geschlagen und die Kriegsbeute dem (Gott) Ningirsu in den Tempel Eninnu gebracht habe. Jedoch dürfte auch der Bericht über das «*Öffnen der Wege vom Oberen bis zum Unteren Meer*» durchaus auf eine nicht gewaltfreie Durchsetzung von Gudeas Interessen hinweisen: Es handelt sich hier ganz offensichtlich um die Öffnung und das Offenhalten von Handelswegen – zumal nach Magan, dem heutigen Oman, von wo Diorit importiert wurde. Dass sich Gudea in seinen Inschriften sonst geradezu als Friedensfürst geriert, weckt den Verdacht, zu einem Gutteil ideologische Ursachen zu haben. Er versucht sich deutlich von der kriegsstolzen Politik seiner Vorgänger – der gutäischen Fürsten und der altakkadischen Könige – abzusetzen. Jedoch impliziert selbst das mesopotamische Bild des Hirten, der seine Völker «*wie die Schafe auf der Weide in Frieden ruhen lässt*», stets auch die Androhung von Zwangsmitteln; das Idyll

Abb. 12: Gudea als «Architekt mit dem Plan»

verweist auf einen auf staatlicher Autorität und staatlichen Zwangsmitteln beruhenden Frieden.

Der Einfluss des Staates Lagasch ergibt sich unter anderem aus der Einsetzung einer Tochter des Ur-Baba als Hohepriesterin in Ur. Mit der Platzierung von Herrschertöchtern in hohen Kultpositionen folgt im Übrigen nicht nur die Gudea-Zeit, sondern später auch die ganze Ur III-Dynastie einer Tradition, von der wir im Zusammenhang mit den altakkadischen Herrschern gehört haben. Die relativ breite Streuung der Fundorte mit Objekten, die den Namen des Gudea tragen, ist sicher auch Ausdruck der Größe seiner Einflusssphäre. Solche Gegenstände fanden sich in Ur, Adab, Uruk und Nippur. Ein gutes Verhältnis dürfte Gudea auch zu Eridu im Süden gehabt haben. Weitere Gegenden sind in der unter dem Namen «der Architekt mit dem Plan» bekannt gewordenen Statue des Herrschers als Herkunftsort verschiedener Materialien genannt: *«Aus dem Amanus, dem Zederngebirge, hat er Zedern von 60 und Zedern von 50 Ellen Länge (und) Buchsbäume von 25 Ellen herabgeflößt. ... Aus Urschu im Gebirge des (syrischen) Ebla hat er Wacholder, große Föhren und Platanen, Berghölzer herabgeflößt. ... Aus Uma-*

num im Gebiet von Menu'a und aus Basalla (Dschebel Bischri), dem Gebirge der Amurriter, hat er große Na-Steine herabgebracht. ... Aus Tidanum, dem Gebirge der Amurriter, hat er Alabaster in Blöcken herabgebracht. ... In Abullat im Gebirge von Kimasch (im Dschebel Hamrin) hat er nach Kupfer gegraben. ... Aus dem Bergland Meluhha (an der Nordküste des Golfes) hat er Ebenholz, ... Nir-Block-Steine ... und goldhaltige Erde herabgebracht. Aus Gubin (im Süd-Osten der arabischen Halbinsel oder nahe am Golf) hat er Halub-Bäume gebracht. ... Aus Madga (bei Kirkuk), dem Gebirge des Ordalflusses, hat er Bitumen, ... Hahhum-Lehm ... (und goldhaltige Erde) herabgebracht. Im Gebirge Barme (bei Kirkuk?) hat er verschiedene Na-Steine in Schiffe verladen.»

Ergänzend sei noch hinzugefügt, dass auch Tilmun (Bahrain) in das Handelsnetz des Herrschers integriert war.

Von besonderer Bedeutung in der literarischen Überlieferung des Gudea waren jedoch die Bauarbeiten am Tempelkomplex des Eninnu in der Heiligen Stadt, dem Kultgebiet der Residenzstadt Girsu. Hier ist insbesondere die Tempelbauhymne des Herrschers zu nennen, das älteste umfangreiche Beispiel sumerischer «hoher Literatur». Zusammen mit den teilweise ebenfalls ausführlichen Inschriften auf den Herrscherstatuen des Gudea erlauben diese Texte eine umfassende Rekonstruktion des Pantheons und der Kultpraxis. An der Spitze des Pantheons stand – wie auch in der frühdynastischen Zeit – das Götterpaar Ningirsu und Baba (Ba'u), wobei ihre göttlichen Funktionen wesentlich mit ihrer Aufgabe als Stadtgottheiten in Zusammenhang stehen. Bei der Vielzahl der anderen in den Texten genannten Götter wirkt die uralte Tradition der ursprünglich selbständigen Götterkreise der Hauptorte des Staates – Girsu orientiert sich an Nippur, Lagasch an Uruk und NINA an Eridu – weiter fort. In den Vordergrund treten nun jedoch im Staatspantheon die Fragen der Göttergenealogien und der göttlichen Zuständigkeit für bestimmte Funktionen. Die Verhältnisse in den führenden Familien und am Hofe beherrschen nunmehr auch die theologischen Spekulationen.

4.4.3. Mythen – der Kriegsgott Ningirsu – Ninurta

Die Tempelbauhymne des Gudea beginnt mit einer mythologischen Einleitung über die Geburt und wohl auch die Taten des Staatsgottes Ningirsu. Auch wenn der erste Zylinder, auf dem dieser Textabschnitt verzeichnet war, fast vollständig verloren ist, so gibt es doch andere literarische Texte mit vergleichbarem Inhalt. Einer trägt den Titel «Wie der Himmel geschaffen». Held des Textes ist der Sohn des Gottes Enlil, Ninurta, der mit dem Staatsgott von Lagasch, Ningirsu, bereits früh gleichgesetzt worden war. Gegenstand des Textes ist die siegreiche Rückkehr des Gottes nach der Bezwingung aller Fremdländer. Jeglicher Versuch, den Kriegszug des Gottes mit historischen Fakten zu verbinden, erscheint als reine Spekulation. Auch dass der Text etwa bei der siegreichen Rückkehr und bei der Weihung der Beute durch einen sumerischen König rezitiert wurde, ist nicht beweisbar. Allerdings besaß die siegreiche Rückkehr des Gottes sicher politisch-propagandistische Implikationen, deren sich sogar, wie die Überlieferungsgeschichte des Textes zeigt, noch die neuassyrischen Herrscher bedienten, um ihre Kriegs- und Beutezüge mit Hilfe mythologischer Traditionen zu legitimieren. Berühmt sind die Trophäen, die Ninurta bei der Rückkehr an seinen Wagen hängt, und deren mythologische Anspielungen sich in der Vorgeschichte verlieren.

4.4.4. Mythische Geschichte – «Ninurta und die Steine»

Während «Wie der Himmel geschaffen» in die literarische Tradition von Nippur, einem Zentrum des sumerischen Schulwesens, gehört, aus welchem die meisten sumerischen Texte stammen, kommt ein zweiter Text «Ninurta und die Steine» wohl aus der literarischen Tradition der Stadt Lagasch selbst. Dieser Text, der auch ins Akkadische übersetzt wurde, war vielleicht das am häufigsten abgeschriebene Werk sumerischer Dichtkunst. Es umfasst 728 Zeilen auf 16 Tafeln, hat über 100 Textzeugen aus altbabylonischer Zeit und war – wie das Gilgamesch-Epos – noch in der Bibliothek des neuassyrischen Königs Assurbanipal im 7. Jh. v. Chr. vertreten.

Der Mythos berichtet, dass Ninurta, der Held, von seiner

Waffe mit dem Namen «Plattmacher» während eines Festes im Kreise mit dem Himmelsgott An und dem Oberhaupt des Pantheons, Enlil, erfährt, dass aus der Vereinigung von Himmel und Erde der «Bergtöter» Asakku entsprossen sei, der dann das Bergland begattet habe. Die Nachkommenschaft aus dieser Verbindung sind zahlreiche Steine, mit deren Hilfe Asakku die Herrschaft im Berglande an sich reißt. Die Situation im hilflosen Berglande ist verzweifelt; Ninurta ist darob zornig, und selbst die Götter sind in Angst und Schrecken versetzt. Mit seinen Waffen rückt er zu Schiff aus; die Waffe «Plattmacher» übernimmt die militärische Aufklärung, warnt aber den Gott vor dem Kampf. Ninurta schlägt diese Warnung in den Wind und wird zunächst und zum Schrecken der Himmlischen besiegt. Auch beim folgenden Angriff bleibt Asakku ruhig; der «Plattmacher» ist verzweifelt und rät Ninurta flüsternd zur Umkehr. Dieser hört erneut nicht auf ihn, und tatsächlich gelingt es ihm, Asakku in die Knie zu zwingen. Die Götter(?) des Landes Sumer feiern Ninurta und der «Plattmacher» singt Ninurtas Lob.

Der zweite Teil der Geschichte enthält eine vielleicht ursprünglich selbständige Kosmogonie, eine Entstehungsgeschichte der Welt. Ninurta häuft jene oben erwähnten Steine im Berglande auf; das Gebirge entsteht, das vor Sumer wie eine hohe Mauer steht – ein Bild das unmittelbar der Wahrnehmung eines sumerischen Schwemmlandbewohners verpflichtet ist. Ninurta deicht im folgenden die Städte ein und zähmt die Wasser; eine vernichtende Flut wird fortan unmöglich. So schafft er die Voraussetzungen für den Acker- und Gartenbau und erfreut dadurch die Götter. Gleichwohl liegt die Erhabene Göttin, die Muttergöttin, schlaflos, da ihr Sohn sie keines Blickes würdigt. Deshalb beschließt sie Ninurta aufzusuchen, und dieser belohnt sie, in dem er sie zur «Herrin des Gebirges» ernennt. Fortan können alle Bereiche von Natur und Zivilisation gedeihen. Eine andere Muttergöttin, Ninurtas Tante, ermutigt ihn nun, den Steinen, den «getöteten Helden», das «Schicksal zu bestimmen»; im Zuge dessen werden einige gesegnet und andere verflucht.

Unter diesen Steinen befindet sich auch der Diorit (Gabbaro),

Abb. 13: Diorit-Sitzbild des «Priesterfürsten» Gudea

jene äußerst harte und schwer zu bearbeitende Steinsorte, aus der viele der Gudea-Statuen hergestellt sind und der aus Magan – vermutlich aus jenen Steinbrüchen in der Gegend des heutigen Oman – importiert werden musste. Der Diorit zählte ursprünglich zu den feindlichen Steinen: erst durch Ninurtas Sieg und der damit gewonnenen Möglichkeit über ihn zu verfügen, wurde der Diorit quasi dienstbar gemacht und konnte gesegnet werden:

«*Mein König (Ninurta) trat zum Diorit, im Gemüte? zornig, im Leibe? hymnisch, spricht er – Ninurta, der Sohn des Enlil, entscheidet das Schicksal: ‹Diorit, in meinem Kampf wechsle die Seite! Wie (lastender) Rauch bist Du vor mich gesetzt. Hast Du nicht Deine Arme gegen mich erhoben, bist Du mir nicht entgegengeeilt? Das ist falsch: der Herr alleine ist der Held!› Weil Du zu Ninurta, dem Sohn des (Gottes) Enlil (arrogant) gesagt hast: ‹Wer kann sich mit mir messen?›, (deshalb) werden sie Dich aus dem oberen Bergland herausbrechen. Aus dem Gebirge Magan möge sie Dich bringen, und die starke Bronze wirst Du wie Leder zerschneiden. Du bist ein Herr, für meinen heldenhaften Arm perfekt geeignet! Dem König, der für ewige Zeit seinen Namen etabliert und seine Statue für die Ewigkeit verfertigt hat und sie im Eninnu, dem Ort voller Leuchtkraft, am ‹Wassertrinkort› hinstellt, (ihm) sei sie (die Statue) als Wesensmerkmal vorhanden.*»

Der Zusammenhang mit Gudeas eigenen Inschriften ist offenkundig. So schreibt er in der bereits zitierten Statue «der Architekt mit dem Plan»: «*Aus dem Bergland Magan hat [Gudea] den Diorit herabgebracht und zu einer Steinstatue geformt. ‹Meinem König habe ich (sie) in sein Haus gebracht: Leben sei ‹mein Geschenk› nannte er ihr (der Statue) als Namen).*» Und weiter heißt es: «*Dies hat er der Steinstatue als Auftrag übergeben. Diese Statue – weder Edelmetall noch Lapislazuli ist es, weder Kupfer noch Zinn, noch Bronze wird jemand diesem Werk applizieren. Sie ist aus Diorit! Am Wassertrinkort möge sie aufgestellt sein. Mit Gewalt kann sie niemand zerstören! Statue, dein Auge ist das des Ningirsu.*»

«Ninurta und die Steine» endet in einem Epilog, der dann von der triumphalen Rückkehr Ninurtas berichtet – die Menschen jubeln, ein Loblied wird gesungen. In beabsichtigter Doppeldeutigkeit wird ein namentlich nicht genannter »Held« eingeführt, der dem Wege Ninurtas gefolgt sei und dem dafür »Leben« gebühre. Hier handelt es sich ursprünglich um eine Anspielung auf Gudea, in zweiter Linie dann natürlich auch auf andere Herrscher, die ähnliche Taten vollbringen. Damit bestätigt «Ninurta und die Steine» implizit die oben im Zusammenhang mit der Herkunft der verschiedenen von Gudea importierten Materialien vertretene These, dass dafür auch militärische Unternehmungen notwendig waren. Es bestehen also gute Gründe, der Selbststilisierung des Gudea als Friedensfürst nicht zu trauen. Weshalb der Herrscher, anders als etwa die kriegsstolzen Akkader, militärische Taten fast völlig verschweigt, bleibt undeutlich. Wahrscheinlich wollte er eine Restauration der «guten alten Zeit» suggerieren und sich vom altakkadischen Herrschaftskonzept bewusst absetzen.

4.4.5. Statuenkult und Totenkult

Der in «Ninurta und die Steine» sowie in der Statue B des Gudea, «dem Architekten mit dem Plan», erwähnte «Wassertrinkort», der in dem vom Herrscher so aufwändig neu errichteten

Tempel Eninnu lag, ist jener Platz, an dem seit alters die verstorbenen Herrscher und ‹Adligen› des Staates Lagasch verehrt wurden. Offensichtlich befanden sich dort ihre Abbilder. Da Gudea zur Zeit der Aufstellung seiner Statue wohl noch am Leben war, ergibt sich daraus, dass Totenkult und Statuenkult eng verbunden waren. Nach mesopotamischer Auffassung wurde eine Statue durch verschiedene Rituale – so ein Mundöffnungs- oder Mundwaschungsritual und durch das Ritual der Namensgebung – zu einem selbständigen Wesen. Nach dem Tode des Dargestellten war sie – neben dem Totengeist, der in der Unterwelt sein Dasein fristete – gewissermaßen ein «überlebender» Rest des Verstorbenen. Daher waren die Statuen auch Adressaten des Totenkultes. Dieser Statuenkult ist wohl auch die Wurzel der gleichfalls für Gudea bezeugten postumen Vergöttlichung. Dass für den verstorbenen und vergöttlichten Gudea Opfer dargebracht wurden, ist in zahlreichen Opferlisten belegt.

4.4.6. Nach Gudea

Von den insgesamt nur kurz regierenden Nachfolgern Gudeas wissen wir wenig. Sein Sohn Ur-Ningirsu (II.) behauptete gleichfalls, am Tempel Eninnu in Girsu gebaut zu haben, und errichtete am Tor, *«an dem die Angelegenheiten geregelt werden»* einen «Tempel» der Göttin Nansche. Nach Ur-GAR, dem Gatten von Gudeas Schwägerin, folgt als letzter Herrscher der Dynastie, Nammahni, den neuere Forschungen von einem anderen in den Quellen erwähnten und etwa zeitgleichen Fürsten Namhani (von Umma?) unterscheiden möchten, der im Prolog des so genannten Codex Ur-Namma genannt wird. Auch Nammahni war mit einer Tochter des Ur-Baba und somit einer Schwägerin des Gudea verheiratet. Die Legitimation der Herrscher erfolgte also blutmäßig über die Töchter des Ur-Baba und nicht patrilinear, d. h. vom Vater auf den Sohn übergehend.

4.4.7. Utuhengal – der «Befreier» des Landes

Die nach der sumerischen Königsliste so genannte II. Dynastie von Uruk tritt etwa zeitgleich auf mit der Herrschaft Gudeas. Über ihre ersten Herrscher ist wenig bekannt. Utuhengal hingegen hat sich das Verdienst erworben, die Gutäer entscheidend geschlagen zu haben. In einem langen, uns nur dank einer späteren Abschrift bekannten Text erzählt er, dass Enlil ihn beauftragt habe, Gutium, *«die Schlange des Gebirges»*, die Böses im Lande verbreitet und Ehefrauen und Kinder gestohlen habe, zu vertreiben. Der Herrscher bittet Ischtar-Inana, die Kriegsgöttin, um Hilfe und rüstet sich zum Kampf gegen den Gutäer-Fürst Tirigan am Tigris. Er wirft ihm vor, nicht nur Land besetzt zu halten, sondern auch die Straßen (d. i. den Handel) im Norden zu blockieren und den Süden des Wassers beraubt zu haben. Erwähnt wird auch die Unterstützung Utuhengals durch den vergöttlichten Heroen Gilgamesch, *«des Sohnes der Göttin Ninsuna»*. Mit der einhellig gewährten Hilfe der Doppelstadt Uruk – Kullaba zog der Herrscher von Nagschu am Iturungal-Kanal über Karkar nach der Stadt Adab. Dort versuchte Tirigan zu fliehen, jedoch nahm Utuhengal ihn und seine Familie gefangen: *«So brachte er das Königtum nach Sumer zurück»*. Weiter behauptet Utuhengal, dass er Lagasch gegen die Ansprüche eines namentlich nicht genannten «Mannes von Ur» verteidigt habe. Von Selbstbewusstsein zeugt der von ihm oft verwendete Titel «König der vier Weltgegenden», und es ist wahrscheinlich, dass er in der Tat die Unterstützung der Enlil-Priesterschaft von Nippur gewinnen konnte.

Utuhengals Regierung war allerdings nur von kurzer Dauer; nach sieben Jahren bereits wurde er von seinem früheren General Ur-Namma entmachtet.

4.5. Das Reich von Ur III (2112–2004)

4.5.1. Die sumerische «Renaissance»

Die knapp 110 Jahre vor der Wende zum zweiten Jahrtausend, während derer die fünf Könige der 3. Dynastie von Ur regierten, gehören zu den am besten dokumentierten Perioden der mesopotamischen Geschichte. Nicht nur die vielen zehntausend Urkunden der staatlichen Verwaltung (inklusive Korrespondenz) dieser Zeit und die zahlreichen Weihinschriften sind hier als Quellen zu nennen. Wir finden neben Weihinschriften auch eine umfangreiche juristische Literatur – angefangen vom so genannten Codex Ur-Namma, über Kauf- und Darlehensurkunden bis hin zu Gerichtsprotokollen. Zudem können wir über die Jahresnamen Urkunden und historische Ereignisse chronologisch einordnen. Verwaltungs- und Schreibreformen führten nicht nur zu weitgehenden Vereinheitlichungen (Maße und Reichskalender), sondern auch zur Ausprägung einer literarischen Tradition. Hymnen, Epen, Gebete und Sprichwörter sind überliefert, und für viele der in die spätere Schultradition eingegangenen Texte der reichen Literartradition sind erste Exemplare aus dieser Epoche bekannt. Insbesondere die Gattung der Hymnen, und zwar der Königs- und Götterhymnen, die wohl bereits in der Gudea-Zeit Vorläufer besaßen, erreichte in dieser Periode ihre erste Blüte. Alle diese Texte sind wieder in Sumerisch geschrieben, was gewiss auch eine politische Absicht ausdrückt. Nicht umsonst bezeichnet die Geschichtsforschung diese Epoche auch als «sumerische Renaissance». Inwieweit das Sumerische zu dieser Zeit noch Umgangssprache gewesen ist und wo demgegenüber das Akkadische oder Mischformen überwogen, wird sich vielleicht nie abschließend klären lassen.

4.5.2. Ur-Namma – die neue Politik (2112–2004)

Die Herkunft Ur-Nammas bleibt unklar, und man hat erwogen, ob er nicht ein Bruder Utuhengals gewesen sein könnte. Seine Mutter und ihre Familie stammten möglicherweise aus Eschschu, einer kleinen Stadt in der Nähe von Ur, wo Ur-Namma seine Karriere als General unter Utuhengal begann. Zeitliche Überschneidungen zwischen der Gudea-Dynastie in Lagasch und den frühen Jahren der Ur III-Dynastie sind wahrscheinlich. Einige ebenfalls etwa zeitgleich regierende Herrscher von Umma, des alten Gegners von Lagasch-Girsu, erkannten gutäische Könige als Oberherren an. Einmal mehr erscheint die Grenze zwischen Umma und Lagasch-Girsu (und Uruk und Ur) auch als Grenze zwischen einer nördlichen und südlichen Hälfte Babyloniens bzw. zwischen «Sumer und Akkad».

Die chronologische Einordnung mancher Ereignisse während der 18-jährigen Regierungszeit des Herrschers Ur-Namma ist nicht ganz gesichert. Möglicherweise war er sogar zunächst Utuhengal unterlegen, der – wie bereits eingangs erwähnt – behauptet, einen namentlich nicht genannten «Mann von Ur» aus dem Gebiet von Lagasch vertrieben zu haben. Es sei dahingestellt, ob alleine oder zunächst noch gemeinsam mit Utuhengal, jedenfalls gibt es Indizien dafür, dass auch Ur-Namma Krieg gegen die Gutäer und gegen Elam führte. Er ließ eine Mauer um den Heiligen Bezirk in Ur und um Tempel in den alten Städten des Landes errichten. In Zusammenhang mit seiner Krönung steht wohl die Inthronisation einer Tochter als Hohepriesterin des Mondgottes in Ur. Wohl nach den Krönungsfeierlichkeiten erfolgte ein feierlicher Zug Ur-Nammas nach Nippur, und im Gegenzug für die dem Gott Enlil dargebrachten Opfer segnete dieser den König. Sodann fügte Ur-Namma seiner Titulatur den Titel «*König von Sumer und Akkad*» hinzu. Wohl nach seinem Sieg über Utuhengal etablierte Ur-Namma einen seiner Söhne als En-Priester der Göttin Inana in deren Stadt Uruk. Damit hatte er die Priesterschaft der beiden wichtigsten Städte des Reiches, Ur und Uruk, durch Familienbande an sich gebunden.

Von großer Bedeutung war Ur-Nammas Bau des Tempelkomplexes E-temen-niguru für den Mondgott Nanna-Su'en in Ur. Tempeltürme, so genannte Ziqqurrātu, errichtete er auch in Eridu, später in Uruk und Nippur. Diese sehr kostspieligen Bauwerke sind Bestandteile eines kultischen und politischen Programms: Die in der mesopotamischen Tiefebene weithin sichtbaren Tempeltürme legen eindrucksvoll Zeugnis ab vom religiösen Ursprung und der Größe der herrscherlichen Macht.

Abb. 14: Ansicht des Tempelturms (Ziqqurrat) des Ur-Namma in Ur

In einem wohl sehr frühen Regierungsjahr des Ur-Namma wird als herausragendes Ereignis berichtet, dass er «*den Weg von unten nach oben in Ordnung gebracht*» habe. Hier besteht offenbar ein Zusammenhang mit der Befriedung des Landes, wie sie auch im ‹Codex Ur-Namma› und in anderen Quellen beschrieben wird. Gewiss bezieht sich diese Aussage auch auf die Errichtung von Karawansereien, die Händlern und Reisenden Schutz, Verpflegung und Unterkunft bieten konnten, aber auch auf die Öffnung der Seefahrtsrouten für Handelszwecke. In denselben Kontext gehört ferner der Bericht über die Wiederherstellung des Handels mit Magan (Oman).

Besonderes Gewicht legte Ur-Namma auf die Entwicklung der Infrastruktur, insbesondere auf ein leistungsfähiges Wege- und Kanalnetz. Neben den Kanälen im Gebiet der Hauptstadt Ur spielten dabei der überregional wichtige Iturungal-Kanal sowie der Nannagugal-Kanal eine besondere Rolle. Letzterer dürfte zudem die Grenze der Hauptstadtprovinz zur Provinz von Lagasch-Girsu markiert haben. Die Anlage dieses Kanals stand gewiss in Zusammenhang mit der Trockenlegung eines mehr als 12 km² großen Sumpfgebietes in jener Gegend. Die Bedeutung, die die Ur III-Herrscher der Infrastruktur des Landes, vor allem auch für Kontakte zu den Gebieten im Norden und Nordosten, beimaßen, unterstreichen die Nachrichten, die wir über die Karawansereien oder «Wegestationen» besitzen. Sie dienten als Stationen für Reisen von wichtigen Beamten, als Rastplätze für Truppen oder wichtige Transporte; sie fungierten als Handelsstationen für die Beschaffung von Rohmaterialien wie Rohr oder Holz, und von ihnen wurden landwirtschaftliche Arbeiten wie Bewässerung und Ernte koordiniert. Ferner dienten sie als Stützpunkte für Suchaktionen nach gestohlenen Schafen oder Rindern sowie nach Mördern, Räubern und Deserteuren.

Zur Infrastruktur eines Staates gehörte damals wie heute auch eine funktionierende Rechtsordnung. Von großer Bedeutung ist in diesem Kontext der bereits erwähnte ‹Codex Ur-Namma›. Literaturgeschichtlich unterscheidet er sich deutlich von den traditionellen Weihinschriften, ja sogar von den thematisch verwandten Restaurationsedikten des Uru-inimgina oder dem altbabylonischen Codex des Hammurapi. Im Text nennt Ur-Namma zunächst verschiedene ordnungspolitische Maßnahmen wie Einschränkung privater Verfügungsgewalt, Befreiung von unterworfenen Landstrichen, Standardisierung von Maßen und Gewichten, Verbesserung von Wasser- und Landverkehr, Beschränkung des Einflusses der Reichen, Sorge für und Kontrolle der Armee. Die eigentlichen Gesetze spezifizieren die Rechtsfolgen bestimmter strafbarer Handlungen wie Totschlag, Sklaven-, Familien- und Sexualdelikte sowie Körperverletzung und Eigentumsdelikte.

Die Bedeutung, die Ur-Namma der Regelung des Rechts und der Rechtssicherheit im Lande beimaß, spiegelt sich darüber hinaus in zahlreichen Hinweisen in Jahresnamen und anderen Inschriften. So heißt es beispielsweise in der Königshymne «Ur-Namma C»: «*Die Rechtssprüche, die ich spreche, lassen ganz Sumer ein und denselben Weg ergreifen. Ich setzte meinen Fuß auf den Nacken von Dieben und Gewalttätern. Ich streckte die Hand nach Übeltätern aus wie nach Schlangen, ich zertrat sie. Gegen die Flüchtigen ging ich vor; ich bewirkte ihre Umerziehung: (So) ließ ich Gerechtigkeit im Lande erstrahlen.*» Oder, zusammenfassend: «*Gerechtigkeit machte ich deutlich; Übel verfolgte ich.*»

Die Verantwortung für die Gerechtigkeit ist sowohl bei Ur-Namma wie auch bei seinem Nachfolger Schulgi eng mit dem Gedanken der «Weisheit des Hirten» verbunden. Bei Gudea war dieser Topos vorrangig mit seiner Tätigkeit als Tempelbauer verknüpft. Aber auch Ur-Namma bekommt von den Gottheiten Messstab und Messleine verliehen. Über das lateinische *regula* und *norma*, ursprünglich Bezeichnungen aus dem Bauhandwerk, hat sich noch in unseren Worten «Regel» und «Norm» eine altorientalische Vorstellung von Normierung bewahrt, die eine Verbindung zur Rechtssphäre herstellt und letztlich auf die Vorstellung des Herrschers als Bauherrn zurückgeht. Beim Bild des Herrschers als «Bauherrn» und «Hirten» handelt es sich gewiss nur um Schwerpunkte, wenn man so will um Idealtypen, der herrscherlichen Weisheit.

Abb. 15: Stele des Ur-Namma (Ausschnitt); Belehnung des Königs mit den Amtszeichen «Meßleine und Stab»

Weitere Taten Ur-Nammas seien hier nur im nachfolgenden gerafften Überblick aufgezählt: Er ließ einen Wagen für die Göttin Ninlil verfertigen, erbaute den Ninsuna-Tempel in Ur, arbeitete am Enlil-Tempel in Nippur und begann, wohl gegen Ende seines Lebens, den Neubau der Mauer von Ur, den er den Angaben in der Dichtung ‹Ur-Nammas Tod› zufolge nicht mehr vollenden konnte.

Gegen Ende seiner Regierung entstanden Ur-Namma in den Elamern unter dem Herrscher Kutik-Inschuschinak (auch Puzur-Inschuschinak gelesen) in Verbindung mit dem gutäischen Erzfeind mächtige Rivalen. In diesen Kontext gehören zwei seiner Inschriften, die von Feldzügen nordöstlich des sumerischen Kernlandes erzählen. Dass, wie im Text ‹Ur-Nammas Tod› berichtet wird, der König auf einem dieser Kriegszüge den Tod, vielleicht sogar aus gutäischer Hand, fand, scheint glaubwürdig. Dieser unerwartete Tod des Ur-Namma stellte – ähnlich wie die oben skizzierte Niederlage des Uru-inimgina – für das mesopotamische Bewusstsein ein Problem dar. So klagt in einem Selbstgespräch in der Unterwelt der tote König: «*Obwohl ich all diese (frommen und bemerkenswerten) Taten vollbracht habe, wirklich den Göttern diente und ihnen eine Heimstatt gründete, den großen Göttern Überfluss aufstrahlen ließ – obwohl ich Schätze aufhäufte auf die mit Kräutern und Edelsteinen bedeckten Betten, stand kein Gott mir zur Seite, beruhigte mein Herz! ... Was habe ich erhalten für mein Bemühen im täglichen Dienst? Den Tag verbrachte ich, indem ich (auch) nachts schlaflos diente!*» Selbst bei den Göttern herrscht Betroffenheit angesichts seines Schicksals, und die Göttin Inana wird wütend. Als Lösung bleibt nur eine neue Schicksalsentscheidung für den toten Ur-Namma, die seinen Namen, seine Herrschaft und seine Taten überdauern lässt.

Insgesamt legte also Ur-Namma mit der Umsetzung seines breit gefächerten Regierungsprogramms den Grundstock für die so glänzende Regierung seines Sohnes und Nachfolgers Schulgi.

4.5.3. Schulgi – Macht und Glanz eines «Großreiches» (2093–2046)

Als nach dem vorzeitigen Tod Ur-Nammas sein Sohn Schulgi die Regierung übernahm, begann mit dessen 48 Jahre währenden Regentschaft eine der strahlendsten Epochen der altmesopotamischen Geschichte. Von diesem Herrscher blieben zwei Datenlisten erhalten, die in vielen Fällen die Einordnung der historischen Ereignisse seiner Regierungszeit sichern. Seine Weihinschriften allerdings bieten kaum Hinweise auf die Chronologie, und hier sind es, wie schon bei Naram-Sîn, vor allem die Schreibungen mit oder ohne Gottesdeterminativ, die helfen, eine grobe chronologische Ordnung zu errichten. Das einem Namen voraus gestellte Gottesdeterminativ kennzeichnet den Namensträger als Gott. Heute scheint es, als habe der König in seinem 12. (spätestens seinem 20.) Regierungsjahr diese Schreibung adaptiert und sei somit offiziell «vergöttlicht» worden. Spätestens in seinem 27. Regierungsjahr fügte er dann seiner Titulatur auch noch das Epitheton «*König der vier Weltgegenden*» hinzu.

Noch vor seiner Krönung musste Schulgi zum Krieg gegen die Gutäer aufbrechen. Dass dabei auch das Motiv, sich für den Tod seines Vaters zu rächen, eine wichtige Rolle spielte, erscheint plausibel. Seine Krönung und Investitur in Nippur erfolgten wahrscheinlich unmittelbar nach der Rückkehr vom Kriegsschauplatz.

Die Nachrichten über die Tätigkeiten Schulgis sind so zahlreich, dass wir hier nur einen Überblick geben können. Zu betonen ist, dass in der zweiten Hälfte seiner Regierungszeit, nach seinem 23. Jahr als König, die Nachrichten über militärische Unternehmungen in den Vordergrund treten – gewiss ein Zeichen für die wachsende Gefährdung des Reiches.

Bautätigkeit Zu Beginn seiner Regierungszeit berichtet Schulgi über den Wiederaufbau der Stadt Der, die offensichtlich bei den Kämpfen mit der gutäisch-elamischen Koalition Schaden genommen hatte, und die er später selbst wieder zerstören ließ. Im alten Kultzentrum Nippur baute er an Heiligtümern für Ninurta, Inana und andere Gottheiten; in Kutha unternahm er Bautätigkeiten für den Unterweltsgott Nergal und beschreibt die dort heimischen Dämonen. In Girsu ließ er am altberühmten Eninnu arbeiten, und auch im Dijāla-Gebiet war Schulgi aktiv. Im südwestiranischen Susa errichtete er Tempel für die Muttergöttin Ninhursanga und den Stadtgott Nin-Schuschinak, den «*Herrn von Susa*». Auch Stauwehre wurden zu Ehren von Gottheiten errichtet.

Als eher profane Bauten erscheinen dagegen der Bau seiner königlichen Residenz und eines Kühlhauses(!) in Ur. Die in seinem 37. Königsjahr errichtete «*Mauer des Landes*» sollte das Reich gegen die Tidnu(m)-Nomaden, einem amurritischen Stamm, schützen. Bereits während der Bauarbeiten musste sich Schulgi ihrer Attacken erwehren.

Allen sumerischen Herrschern war auch die Ausstattung der Tempel ein wichtiges Anliegen, und auch Schulgi hinterließ über diese Aktivitäten zahlreiche Nachrichten. Er brachte die Statuen mehrerer Götter in deren Tempel, so jene des Mondgottes Nanna in dessen Heiligtum «*am rechten Kai*» in Ur und in dessen Tempel in Nippur. In der Stadt Der führte er die Statue des Lokalgottes Ischtarān in seinen Tempel zurück, der Gott Numuschda wurde in seinen Tempel in Kazallu eingeführt; eine Statue des Ningirsu in sein wiederaufgebautes Heiligtum Bagara in Lagasch und der Muttergöttin Ninhursanga in ihr Heiligtum in der Nähe von Ur. Auch Statuen von sich selbst weihte er – einer alten Tradition folgend – verschiedenen Gottheiten in ihren Tempeln. Ferner wurde wertvolles Kultgerät verschiedenen Gottheiten als Weihegeschenke überreicht wie z. B. ein Lapislazuli-Thron für Enlil, Betten, goldene Ohrringe, Perlen, Keulenknäufe, Zylindersiegel, Schalen und Töpfe.

Infrastruktur Auch Schulgi bemühte sich um die Infrastruktur seines Reiches. In seinem 6. Regierungsjahr reparierte er die Nippur-Straße, und in einer Hymne berichtet Schulgi, dass er nunmehr die Entfernung zwischen Nippur und Ur (rund 200 km) in einem Tag zurücklegen konnte, was allerdings wenig glaubhaft scheint.

Der 21. Jahresname lautet: «*Jahr: der Gott Ninurta, der große Agrarverwalter des Gottes Enlil, gab eine Omen-Entscheidung im Tempel von Enlil und Ninlil, und daraufhin hat Schulgi, der König von Ur, Feld, (Verwaltungs-)Konten (und) die Versorgungsfelder des Tempels von Enlil und Ninlil in Ordnung gebracht.*» Was immer die genaue Bedeutung dieser Aussage sein mag, den Hintergrund bildeten gewiss auch sonst bezeugte Steuer-, Verwaltungs- und Schreibreformen des Herrschers, welche unter anderem in der Schaffung einer gewaltigen Bürokratie, der Einrichtung von Schreiberschulen, der Einführung des so genannten Reichskalenders und der Standardisierung von Maßen und Gewichten ihren Ausdruck fanden. In seinem 38. Herrschaftsjahr errichtete Schulgi in Puzrisch-Dagan, dem modernen Drehem, unweit der alten Heiligen Stadt Nippur, einen Viehhof. Durch diesen gingen nach Ausweis der unzähligen dort gefundenen Urkunden jährlich um die 60 000 Tiere. Die zehntausenden von dort stammenden Urkunden bilden eine wesentliche Quelle für das staatliche Wirtschaftssystem des Reiches von Ur III.

Zur politischen Organisation des Reiches Zentral- und Südmesopotamien bildeten das Kernland des Reiches, das in Provinzen untergliedert war, welche teilweise den frühdynastischen Kleinstaaten entsprachen. Den früheren Fürsten war nur noch eine eingeschränkte Souveränität geblieben, und sie bezeichnen sich oft ausdrücklich als «Diener des Königs». Tempel- und Kanalbau sowie lokale Kulttraditionen wurden von ihnen weiter geführt, und sie blieben ebenso oberste Richter der Provinz. Neben ihnen besaß auch die Generalität Einfluss, die wie in der altakkadischen Zeit dem König oft durch persönliche Loyalität oder gar Familienbande verbunden war.

Der Zentralstaat erforderte auch eine gewisse Zentralisierung des Wiederverteilungssystems. Nur durch Beiträge, Abgaben oder Steuern der einzelnen Provinzen konnten die Ausgaben einer zentralen Verwaltung gedeckt werden. Das dazu eingeführte System – es wird mit dem sumerischen Wort als Bala-System bezeichnet – beruhte darauf, dass die einzelnen Provinzen bestimmte Abgaben leisteten, die in Zentralstellen verwaltet und wiederverteilt wurden. Die Quellen lassen erkennen, dass einzelne Provinzen auf die Erzeugung bestimmter Produkte spezialisiert waren. So fungierte Lagasch etwa als Getreideprovinz und Umma als Zentrum handwerklicher Verarbeitungen. Aus den zahllosen Urkunden des erwähnten Viehhofs von Drehem geht hervor, dass die einzelnen Provinzen während verschiedener Zeitabschnitte im Jahr durch Viehlieferungen die Tempel vor allem in Nippur, aber auch Uruk und Ur, zu versorgen hatten. Es mag durchaus sein, dass dies im Einklang mit alten Traditionen stand, doch wurden diese in der Ur III-Zeit gewiss systematisiert und dienten dadurch der Stärkung der Idee der Reichseinheit. Die Verteilung dieser aus den Provinzen eintreffenden Einkünfte war Bestandteil der königlichen Ausgabenhoheit.

Die Gebiete außerhalb des Zentrums, die so genannte Peripherie des Reiches – vor allem in den Regenfeldbaugebieten der Vorgebirge des Zagros –, trugen zum Staatshaushalt durch eine andere Abgabeform bei, nämlich durch «die Abgabe/den Tribut des Landes». Für die Höhe dieser Abgaben gab es feste Sätze; sie einzutreiben gehörte überwiegend zu den Aufgaben des militärischen Personals. Während diese Gebiete durchaus noch als Reichsgebiet galten, waren die daran anschließenden Zonen teilselbständig. Sie trugen aber zur Zeit der größten Machtentfaltung des Reiches aufgrund vertraglicher Vereinbarungen zum Staatshaushalt in erheblichem Maße bei.

Schulgis Kriegszüge Aus der zweiten Hälfte seiner Regierungszeit mehren sich, wie erwähnt, die Nachrichten über Kriegszüge. Einer seiner ersten führte ihn gegen die aufständische Stadt Der, wofür er Einwohner von Ur als Lanzenträger aushob. Eine erneute Eroberung von Der in seinem 20. Regierungsjahr schildert Schulgi in einer seiner Hymnen: «*An den Ufern der Dijāla, an den Ufern des Taban landete die Woge meines Schreckens. ... Nachdem ich im aufsässigen Lande ankam, rissen sie (die Truppen) das Ziegelfundament aus; möge die Stadt, die ich geschlagen habe, nicht restauriert werden; ja, die Häuser, die ich zerstört habe, wurden als Ruinenhügel gezählt, (die Stadt) Der – alle feindlichen Truppen, ließ ich dort (als Leichen) zurück!*»

Zur Sicherung baute er an den Ufern der Dijāla zwei Festungen: Schulgi-Nanna und Ischīm-Schulgi.

Kriegszüge in den Norden und Osten erfolgten nun mit fast jährlicher Regelmäßigkeit. Im 33. Jahr seiner Herrschaft berichtet Schulgi über die Zerstörung von Anschan, etwa in Zentral-Iran gelegen; sie erfolgte nur drei Jahre nachdem er aus diplomatischen Gründen eine seiner Töchter dem dortigen Gouverneur zur Frau gegeben hatte.

Königliche Familie und Heiratspolitik Nur Schulgi hatte während seiner langen Regierungszeit drei Hauptfrauen, die einander im Amte der «regierenden Königin» nachfolgten. Sowohl für ihn wie auch für seine Nachfolger sind weitere Frauen belegt, die – obwohl von hohem Status – in ihrer Position doch der Königin nachgeordnet blieben. Der Verantwortungsbereich der königlichen Frauen lag im Kult, aber auch in der Leitung von großen Wirtschaftsinstitutionen.

Die vielen Prinzen und Prinzessinnen der Ur III-Könige hatten eine öffentliche Rolle wahrzunehmen. Während die Söhne häufig Positionen in der militärischen Hierarchie, etwa als Generäle (*Schagina*), einnahmen, wurden die Töchter unter dem Gesichtspunkt politischer Opportunität ins In- und Ausland verheiratet – eine Praxis die sich noch unter dem letzten König Ibbi-Sîn belegen lässt. So heiratete beispielsweise eine Tochter Schulgis den zentraliranischen König von Marhaschi; eine andere wurde dem Herrscher des noch weiter östlich gelegenen Anschan zur Frau gegeben und eine dritte schließlich einem Fürsten von Baschime an der iranischen Küste des Golfes. Die Bedeutung solcher Heiratsdiplomatie lässt sich auch an der Tatsache erkennen, dass Schulgis erste Frau und die Mutter seines Nachfolgers Amar-Suena, Taram-Uram, aus Mari am mittleren Euphrat stammte; die dritte regierende Königin schließlich kam aus der Gegend am Dijāla-Fluß. Dies weist darauf hin, dass auch die Eheschließungen der Herrscher von Ur III nach diplomatischem Kalkül erfolgen konnten.

Intrigen Ein Brief Schulgis an seinen Großwesir Aradngu gibt Einblick in den Alltag und allfällige politische Intrigen. Schulgi schreibt: «*Der, den Du gesandt hast, kann nicht Dein Untergebener sein! Er empfängt (doch) keine Weisungen von Deiner Hand! Wie kommt es, dass Du das, was er tut, nicht weißt?*» Nach der Klage, dass Aradngu, der sich in einem Brief über den Kommandanten Apilascha beschwert hatte, seine Aufgaben nicht wahrgenommen habe, fährt Schulgi fort: «*Die ‹Großen› kennen ihre Aufgabe! Mein Schlachtenlärm erfüllt alle Länder. Mein starker Arm, mein heldenhafter Arm bringt sie im Lande zu Fall. Mein Sturm lastet auf dem Land. Ein Treffen in der Steppe und eine Niederlage im Feld vermeide, bis Du Apilascha, meinen Kommandeur, erreicht hast. Sei wachsam, in deinem Auge sollst Du ihn behalten! (Dies) habe ich Dir befohlen. Warum handelst Du nicht wie ich (es gesagt habe)? Wenn sich mein Kommandeur nicht in meine Position erhöht hätte, wenn er sich nicht auf den mit einer Prachtdecke versehenen Thron niedergelassen hätte, wenn er seinen Fuß nicht auf einen goldenen Schemel gesetzt hätte, wenn er nicht Gouverneure aus dem Gouver-*

neursamt, Offiziere aus dem Offiziersamt in eigener Vollmacht entfernt oder eingesetzt hätte, wenn er keinen vernichtet oder geblendet hätte, wenn er nicht Leute seiner Wahl über andere gesetzt hätte, wie hätte er das Land in Ordnung halten können! – Wenn Du mich liebst, wirst Du dein Herz keinesfalls auf Gekränktsein setzen. Du hast Dich erhöht – (aber) Deine Truppe kennst Du nicht! Lerne die Leute und meine Macht kennen!»

Der Tod Schulgis und seine «Himmelfahrt» Am 2. 11. seines 48. Regierungsjahres war der Herrscher tot, und die regierende Königin Schulgi-simti überlebte ihn nicht lange, wurde vielleicht sogar mit ihm beerdigt. Einen Tag später beginnen die Opfer für den (vergöttlichten) Thron des Herrschers. Dies ist weniger Ausdruck einer individualistischen kultischen Verehrung des Verstorbenen, sondern vor allem einer mit dem Thron, seiner Herrschaftsausübung, verbundenen Heiligung des Königsamtes. Eine Urkunde nennt die ‹Himmelfahrt› des Schulgi, wie sie später noch von Ischbi-Erra bezeugt ist. Darin heißt es, *«als Schulgi zum Himmel hinauf(!)stieg»* erfolgte die Freilassung(?) von Sklavinnen(?). Bei beiden Königen steht die «Himmelfahrt» offensichtlich im Zusammenhang mit ihrem Tod. Wir hatten bereits erwähnt, dass Schulgi ab dem 20. Regierungsjahr vergöttlicht wurde, indem er seinen Namen mit dem Gottesdeterminativ schreiben ließ und dass seine Nachfolger diese Praxis übernahmen. Sie lässt sich am ehesten verstehen als Mischung zweier Traditionen; nämlich jener des alten Statuenkultes, der oben bei Gudea skizziert wurde, und der Vergöttlichung des Naram-Sîn zu Lebzeiten, die aufgrund seiner persönlichen Effizienz erfolgte. Schulgi geht aber noch einen Schritt darüber hinaus. In einer seiner Hymnen sagt er von sich: *«Hirte bin ich; mögen sie im Gebet mich wie einen Himmels-Stern verehren»*, und auch seinen Vater Ur-Namma vergleicht er mit einem Stern. In die von Enhedu'ana zusammengestellten Tempelhymnen wird nunmehr auch ein dem *«himmlischen Schulgi»* geweihtes Heiligtum, das Ehursanga in Ur, eingefügt. In der wahrscheinlich in irgendeiner Form rituell vollzogenen «Himmelfahrt» des Herrschers manifestiert sich seine Zugehörigkeit zu den «wirklichen»

Göttern. Die jüngere babylonische Astronomie kennt in der Tat einen «*Stern des Schulgi*». Ähnliche Konzepte finden sich mehr als zwei Jahrtausende später, beispielsweise in Zusammenhang mit dem Tode des Kaisers Augustus.

4.5.4 Amar-Suena – der Fortsetzer (2046–2039)

Nur neun Jahre regierte Amar-Suena, das Kind von Schulgi und seiner ersten Frau Taram-Uram. Von Beginn an widmete er sich der kultischen Verehrung seines Vaters. Wir können nur spekulieren, weshalb er in der späteren Tradition als Unheilsherrscher erinnert wurde. Altbabylonische literarische Texte beschreiben seinen vergeblichen Versuch, günstige Vorzeichen für den Bau des Enki-Tempels in Eridu zu erhalten. Jüngere Omina führen seinen frühzeitigen Tod auf eine Infektion am Fuße zurück. Auch über eine Revolte unter seiner Regierung wissen wir nur aus späteren Quellen.

Belegt ist freilich eine durchaus aktive Politik Amar-Suenas. Er scheint, mehrfach die Wirtschaftsverwaltung modernisiert zu haben, und hat insbesondere die Kalendersysteme weiter vereinheitlicht. Unmittelbar nach seiner Inthronisation schenkte er 22 Minen (Pfund) Gold für die Götter Enlil, Ninlil und Ninurta in Nippur, wonach er in seinen Inschriften auch den Titel «*Versorger des Enlil-Tempels*» trägt. Er veranlasste die Einsetzung von vier oder fünf Hohepriesterinnen in den Hauptheiligtümern des Staates und baute weiter an den wichtigen Heiligtümern in Eridu, Nippur, Ur und Uruk. Bereits im zweiten Jahre seiner Herrschaft führte er einen Feldzug weit in den Norden nach Urbilum (dem heutigen Erbil) durch, das er zerstörte. In späteren Jahren drang er noch weiter nach Norden vor, und zwar bis nach Schaschrum (vielleicht Schemschara im heutigen Iran, südlich des Urmia-Sees). Nachrichten über Beute aus diesen Kriegszügen finden sich in den besonders zahlreichen Verwaltungsurkunden aus seiner Regierungszeit.

4.5.5. Schu-Sîn (Schu-Suen) – ein Versuch in Autokratie (2036–2028)

Der erste neusumerische Herrscher mit einem akkadischen Namen und der Sohn des Amar-Suena regierte gleichfalls neun Jahre. Unter seinem Vater hatte er das Amt eines Generals bekleidet. Die regierende Königin Abi-simti stammte wohl aus der Stadt Eschnuna am Dijāla-Fluß. Bereits zu Beginn seiner Regierungszeit ließ Schu-Sîn überall im Kernland des Reiches Statuen von sich als «*Zeichen der Omnipotenz des Herrschers, einigende[s] Band des Reiches [und als] Objekte kultischer Verehrung*» aufstellen. Dem entspricht, dass Schu-Sîn an mehreren Orten richtige Tempel für seinen Kult errichten ließ, so in der Hauptstadt Ur, in Girsu, Adab und in Eschnuna. Es gibt Hinweise dafür, dass er zwar den Totenkult seines Urgroßvaters und Großvaters förderte, nicht aber den seines Vaters Amar-Suena. Die Gründe dafür bleiben unklar. Auch eine erneute Reformation der Verwaltung ist bezeugt. Die unter Schulgi einsetzende Entwicklung zu einem einheitlichen Reichskalender findet unter Schu-Sîn ihren Abschluss.

Über die in den Jahresnamen erinnerten Taten hinaus, bieten spätere Abschriften von im Original nicht erhaltenen Königsinschriften gute Informationen; sie lassen die Grausamkeit seiner Kriegsführung erkennen. Nach seinem Feldzug und Sieg über Zabschali im Lande Schimaschki im südwestlichen Zentraliran berichtet er von Tötungen zahlreicher Bediensteter, «Starken und Schwachen». Die Herrschenden habe er gefangen genommen und vor die Götter Enlil und Ninlil geführt. Die Fliehenden habe er getötet und ihre Städte dem Erdboden gleich gemacht. Die Kriegsgefangenen ließ er blenden und verpflichtete sie zum Dienst an Bewässerungsinstallationen, wo sie bei Wasserschöpfarbeiten die tierische Arbeitskraft ersetzen oder ergänzen mussten. Die Frauen gab er als Sklavinnen in die Mühlen der Tempel. Herden führte er fort, und Preziosen sowie Kupfer und Bronze verlud er auf Esel. Menschen anderer Städte versklavte er und ließ sie in den Erzminen von Zabschali arbeiten.

In ähnlicher Weise wird auch der vorangegangene Feldzug gegen Simanum, östlich der heutigen Stadt Dijarbakir, durchgeführt worden sein. Auch im Nordosten, gegen die amurritischen Stämme, führte Schu-Sîn eine Kampagne. Dabei wird besonders deutlich, dass der Grund eines solchen Zuges nicht allein in der Beschaffung von Ressourcen zu sehen ist, sondern auch der Abwehr plündernder Bergvölker und der andauernden Bedrohung durch die amurritischen Nomaden diente. Daher war Schu-Sîn gezwungen, auch an der Mauer, «*die die Tidnum-Nomaden zurückhält*», deren Errichtung von Schulgi begonnen worden war, weiter zu bauen. Ein Brief des Generals Scharrum-bani an Schu-Sîn erhellt die militärische Lage und zeigt die drängende Bedrohung durch die Amurriter. Der General hatte von Schu-Sîn den Auftrag bekommen, an jener Mauer zwischen Euphrat und Tigris weiter zu arbeiten. Der altüberlieferte Name «Tidnu» dieses amurritischen Stammes steht hier insgesamt für die Bedrohung durch Nomaden aus dem Gebiet Obermesopotamiens. Einige Auszüge aus diesem Brief: «*Aufgrund meiner Tätigkeit ist diese Mauer 26 «Doppelstunden» (ca. 250 km!) lang, und ich erreiche das Gebiet zwischen den zwei Bergen. Auf meine Bautätigkeit hin erfuhr ich, dass die Amurriter im Gebirge lagern und Simurrum zu ihrer Verstärkung kam ... Wenn mein König wirklich ein Himmlischer ist, wird er mir zusätzliche Arbeitskräfte geben und mir deren Lohn bereitstellen!*»

Scharrum-banis Problem lag vor allem darin, dass er gleichzeitig die Bauarbeiten durchführen und kämpfen musste. In seiner Antwort(?) wirft der König dem General vor, dass er ein Übermaß an Gewalt gegen die lokale Bevölkerung einsetze: «*Menschen zu töten, zu blenden, Städte zu zerstören, warst Du nicht beauftragt.*» Er solle sich vielmehr den Bauarbeiten widmen.

4.5.6. Ibbi-Sîn (Ibbi-Suen) – Scheitern und Untergang des Reiches

Mit Schu-Sîns Sohn, Ibbi-Sîn, endet die Reihe der Herrscher der Dynastie von Ur III. Er regierte wohl 24 Jahre, aber bereits ab seinem 3. Regierungsjahr begann das Reich zu zerfallen. Verwaltungstexte erlauben uns, die Prozedur seiner Krönung zu rekonstruieren: Verschiedene Opfer erfolgen beim Eintritt des Königs in den Tempel von Enlil und Ninlil in der religiösen Hauptstadt des Reiches, in Nippur. Er war dorthin zu Schiff gelangt, wobei die dafür erforderlichen Aufwendungen detailliert verzeichnet wurden. Auf der Rückfahrt unterbricht er die Reise in Uruk, und es ist wahrscheinlich, dass er dort die Approbation seitens der Göttin Inana und ihrer Priesterschaft einholte. Ihren wiederum mit Opfern verbundenen Abschluss fanden die Feierlichkeiten schließlich in der Hauptstadt Ur.

Neben verschiedenen Weihgaben für die Götter nennen die Jahresnamen – wie unter seinen Vorgängern – auch die Bestellung und die Einsetzung von Hohenpriestern mit Hilfe von Orakeln – hier für die Göttin Inana von Uruk, für den Mondgott Nanna-Sîn von Ur und von Urum sowie für Enki von Eridu.

Wie sein Vorgänger unternimmt er zunächst einen Feldzug nach Norden; das Gebiet um Zabschali versucht er durch die Verheiratung einer Tochter mit dem Gouverneur dieser Region zu beruhigen. In den nächsten Jahren scheint vor allem der Bau der Mauern von Ur und Nippur von Bedeutung gewesen sein. Man wird kaum fehlgehen, wenn man dies als ein Zeichen für die Bedrohung der Kernstädte des Reiches deutet. In seinem 14. Regierungsjahr behauptet Ibbi-Sîn noch, «*wie ein Sturm*» gegen Susa, Adamdun und Awan, d.h. gegen südiranische Gebiete, gewütet zu haben. In seinem 17. Jahr verkündet er, die Amurriter an der «*südlichen Grenze*» besiegt zu haben, und fünf Jahre später heißt es, er habe die Städte Ur und Urum gegen einen gewaltigen «Gutäer»-Ansturm verteidigt. Im folgenden Jahr kommt ein «*dummer (*oder *gewaltiger) Affe aus dem Bergland*» nach Sumer – entweder eine Anspielung auf einen Elamereinfall, oder, wenn wir den überlieferten Briefen trauen wollen, auf Ischbi-Erra, den «*der Gott Enlil*(sic!) *zum Hirtentum über das Land (Sumer) erhöht*» habe. Damals hatte Ischbi-Erra aus Mari am mittleren Euphrat, ursprünglich ein General des Königs, weite Teile des Reiches unter seine Kontrolle gebracht. In den verschiedenen Städten des Reiches wurden nach und nach keine Verwaltungstexte mehr nach Ibbi-Sîn datiert. Die nunmehr selbständigen «Könige» einzelner Kleinstaaten verfassten bald ihre eigenen Inschriften.

In der Folge kam es zu einer großen Teuerung im Lande; die Getreideprovinzen Umma und Lagasch lieferten nicht mehr; die Milchwirtschaft in Ur lag darnieder. Der Getreidepreis verfünfzehnfachte sich, und auch die Rinder kosteten ein Vielfaches ihres früheren Preises. Sogar auf den Tempelschatz des Mondgottes in Ur musste der König zurückgreifen; auch Importe wurden schwieriger. Briefe dokumentieren den unaufhaltsamen Vormarsch Ischbi-Erras. Ibbi-Sîn wird zunehmend von immer mehr seiner Verbündeten verlassen. Banden von Gutäern und Elamern machen das Land unsicher. Mit Ischbi-Erra – der Name ist amurritisch – zeigt sich, dass der amurritische Bevölkerungsteil längst bis in hohe Militärpositionen vorgedrungen war. In einem in der Schultradition überlieferten Briefwechsel schreibt Ischbi-Erra an den König: «*Du hast mich beauftragt eine Reise nach [den Städten] Isin und Kazallu zu unternehmen, um Getreide zu kaufen.*» Für 20 Talente Silber hatte er 72,00 Kor Getreide gekauft, aber «*jetzt sind die Amurriter ins Land gekommen und haben nach und nach alle Festungen eingenommen. Wegen der Amurriter habe ich das Getreide nicht dreschen können; sie sind zu stark für mich; ich sitze in der Falle.*» Und er bittet Ibbi-Sîn um Sendung von Schiffen. Außerdem solle Ibbi-Sîn durchhalten und sich nicht den Elamern ergeben, die selbst Versorgungsschwierigkeiten hätten. Er habe genug Getreide und bitte um die Vollmacht, Isin und Nippur zu verteidigen. In einem Antwortschreiben wirft der König allerdings Ischbi-Erra vor, ihn beim Kaufpreis des Getreides betrogen zu haben, und fragt ihn, weshalb er nichts gegen den Amurriter-Einfall unternähme.

In einem anderen Brief beschreibt Puzur-Schulgi, der Gouverneur von Kazallu, die militärischen Erfolge Ischbi-Erras; er fürchte sich nun, dessen nächstes Opfer zu werden. Deshalb wendet er sich an Ibbi-Sîn mit der Bitte, ihm schlimmstenfalls Zuflucht zu gewähren. Die Antwort muss enttäuschend gewesen sein. Ibbi-Sîn bietet Puzur-Schulgi wenig mehr als die vage Hoffnung, dass die Götter auf seiner Seite stehen und die Amurriter sich schließlich gegen Ischbi-Erra und die Elamer wenden werden. Er schließt sein Antwortschreiben mit Durchhalteparolen: «*Dieser Mann aus Mari (Ischbi-Erra) mit dem Verstand eines Hundes darf keinesfalls die Herrschaft ausüben! ... Gib nicht auf!*»

Schließlich fand durch die Koalition Ischbi-Erras mit den elamischen Truppen, die die Residenzstadt Ur zerstörten und Ibbi-Sîn in ihre Heimat Anschan verschleppten, das Reich von Ur III sein Ende. Ischbi-Erra konnte oder wollte die Zerstörung der Hauptstadt nicht verhindern, jedoch gelang es ihm nach und nach Südbabylonien unter seine Kontrolle zu bringen. Die Stadt Isin, Ischbi-Erras Basis, wurde nun für mehr als zwei Jahrhunderte die führende Stadt in Südmesopotamien. Er begann mit dem Wiederaufbau des Landes, den sein Sohn und Nachfolger Schu-ilischu fortsetzte. Insbesondere rühmte er sich, die Bevölkerung, die bis in den Iran, nach Anschan, verstreut war, wieder angesiedelt zu haben. Obwohl die Dynastie Ischbi-Erras sich mühte, an die lange Tradition der «Staaten von Sumer und Akkad» anzuschließen – so wurde die sumerische Sprache und Literatur bewusst und teilweise durchaus kreativ weiter gepflegt –, vollzog sich doch nach und nach ein grundsätzlicher gesellschaftlicher Wandel, der dann unter dem bedeutenden König Hammurapi zu einer neu gestalteten Reichseinheit und einem Zentralstaat führte.

4.5.7. Die Städteklage auf den Untergang des Reiches

Der Untergang des Reiches von Ur III wird in einer typisch sumerischen Literaturgattung, einer «Städteklage», erinnert. In dieser «Klage über die Zerstörung von Ur und Sumer» heißt es: «*Um die Zeit zu verändern, den Urplan zu vernichten, brausen die Stürme aufeinander wie eine Flut, um die ‹Ordnungen› (ME) Sumers zu verändern, die gute Dynastie nach Hause zu schicken, die Stadt zu zerstören, die Tempel zu zerstören, die Hürde zu zerstören, den Pferch zu planieren.*

Dass die Rinder nicht in ihrem Pferch stehen, dass die Schafe in der Hürde sich nicht vermehren, dass die Flüsse Salzwasser (Schmutzwasser) bringen, dass Unkraut auf den fruchtbaren Böden wachse, dass in der Steppe die ‹Trauerpflanze› wachse, dass die Mutter nicht nach ihrem Kinde sehe, dass der Vater nicht «meine Ehefrau» sage, dass die Nebenfrau sich nicht in (ihrem) Schoße freue, dass die Kleinen nicht auf (ihren) Knien heranwachsen, dass die Amme keine Wiegenlieder singe – ...

Nachdem der Himmelsgott über das Land die Stirn gerunzelt hatte, nachdem (der Gott) Enlil günstig auf das Feindesland geblickt hatte, nachdem (die Muttergöttin) Nintu die Wesen, die sie schuf, zerstreut hatte, nachdem Enlil den Lauf von Euphrat und Tigris verändert hatte, nachdem (der Sonnengott) Utu Straßen und Wege verflucht hatte ...»

Der unheilvolle Zustand des Landes findet seinen Ausdruck im Verlust des Zusammenhalts der Bevölkerung, dem Wegfall der Opfergaben, dem Erliegen der landwirtschaftlichen Produktion, dem Einfall der Elamer und schließlich in der Gefangennahme des Ibbi-Sîn: Die stolze Stadt Ur wird – auf göttliches Geheiß – zerstört. Es ist schließlich auch der Gott Enlil, der die Gutäer aus dem Bergland herabschickt und deren Vormarsch, gleich einer Flut, niemand widerstehen kann. Ibbi-Sîn aber sitzt ängstlich und heulend in seinem Palast.

Es werden mehrere Städte genannt, die Opfer des feindlichen Vormarsches werden: Kazallu, Marada, Isin, Duranki-Nippur, Kesch und Adab; dort «brüteten» die Gutäer, «die Schlangen des Berglandes» und vermehrten sich. Auch Zabalam, Uruk, Umma, Girsu, Gu'aba und andere Orte werden von den Elamern eingenommen, weitere werden vernichtet. In diesem Zusammenhang werden auch Eridu und Ur erwähnt. Ur ist hilflos, und die Gutäer machen alle Bewohner nieder. (Die Göttin) Inana(?) wird zur ‹Sklavin›. Ur, das wie ein einsam stehendes Rohr war, hungerte; alle Geschäftstätigkeit kam zum Erliegen, Schweigen hing über der Stadt. Enlil, der Vater des Stadtgottes von Ur, des Mondgottes Nanna, spricht:

«O Nanna, edler Sohn, warum beschäftigst Du Dich mit Weinen? Das Urteil der (Götter-)Versammlung kann nicht abgeändert werden ... Ur ward das Königtum gegeben, ewige Regierungszeit ward ihm nicht gegeben. ... Die königliche Dynastie (von Ur) währte lange, ermüdete sich selbst, Nanna, ermüde du dich nicht, verlass deine Stadt!»

5. Geschichte von Sumer und Akkad: Themen – Deutungen – Folgen

5.1. Technische Neuerungen, ihr Wandel und die Folgen

Von den im 3. Jahrtausend zu beobachtenden Neuerungen sind einige besonders augenfällig. Vorrangig erscheint die mit erheblichem technischen Aufwand verbesserte Bewässerung; wahrscheinlich wurde das Schöpfrad in diesem Zeitraum entwickelt. Auch das Auswaschen der versalzenden Böden, der Bau von Rückhaltebecken und andere technische Fortschritte ermöglichten eine intensivere Bodennutzung. In welchem Umfange sich Pflüge – sowohl der Schollen brechende Umbruchpflug wie auch der Säpflug – in diesem Zeitraum durchsetzten, lässt sich mangels präziser Daten schwer abschätzen. Die Fortschritte in der Domestikation von Pflanzen und Tieren sind bemerkenswert. Erkennbar wird das Bemühen, verbesserte Zuchtergebnisse durch entsprechende Importe aus dem südwestlichen Iran zu erzielen. Auch im Bereich des Handwerks sind Tendenzen von Kulturimport festzustellen.

Besonderes Gewicht besaßen jedoch die Verbesserungen und Vereinheitlichungen im Bereich der Verwaltung und ihrer Strukturen. Regionale Einzellösungen wurden von der Akkad-Zeit bis in die Ur III-Zeit mehr und mehr durch landesweite Standardisierungen abgelöst. Dies bedurfte zunehmend normierter Maße, Gewichte und Kalender sowie auch einer weitgehend einheitlichen Schulausbildung. Allerdings scheint es gelegentlich zu einem Überborden der Bürokratie gekommen zu sein, die die Effizienz weiter Wirtschaftsbereiche beeinträchtigte.

5.2. Das geschlossene Weltbild: Natur und Gott

Das Handeln der Menschen vollzog sich in dieser Zeit innerhalb eines weitgehend geschlossenen Weltbildes. Technische Lösungen wurden immer auch durch magisch-religiöse Versuche der

Weltbeherrschung ergänzt. Grund dafür ist das Wissen um die allgegenwärtige Gefährdung des Menschen und seines Wirkens sowie um den eingeschränkten oder fragwürdigen Erfolg aller technischen Maßnahmen.

Die Allgewalt und Allgegenwart der Natur führte zu einer Vergöttlichung der Naturphänomene. Himmelskörper und Orte, aber auch Wirkkräfte wie geschlechtliche und pflanzliche Fruchtbarkeit, Krankheit und Eros, einfach alles Wahrnehmbare, galten den Mesopotamiern als letztlich göttlichen Ursprungs. Oft stellte man sich diese göttlichen Wesen als ‹Mischwesen› vor. Gewitter- und Sturmwolken fasste man etwa im Bild des mythischen «Donnervogels», einem löwenköpfigen Adler, zusammen. Das Bild dieser Naturgewalt umfasste über den «Adler» das «Fliegen» der Wolken am Himmel und über den Löwenkopf die Macht und das Tosen – das Gebrüll – des Unwetters.

Sehr früh bereits wurden auch Funktionen und Ämter vergöttlicht. Hintergrund dessen war die Beobachtung, dass das Wesen eines Amtes – sei es das eines Kochs, eines Aufsehers oder eines Herrschers – etwas ist, das man sich weitgehend losgelöst von einem Individuum vorstellen konnte. Da die «Macht» solcher Berufe gewissermaßen ihren Amtszeichen inne wohnte – etwa dem Messer, der Keule oder der Krone – genossen auch solche Gegenstände selbst kultische Verehrung.

Die vieldiskutierte Vermenschlichung von Gottheiten scheint sich in der Frühzeit zu verlieren. Die mythologische Aussage, dass einst «die Götter Mensch» waren, spiegelt aber vermutlich eine religionsgeschichtliche Entwicklung. Der Mensch, insbesondere in bestimmten Archetypen, dürfte wie alle wahrnehmbaren Phänomene eine gewisse – relative – Göttlichkeit besessen haben. Mit der Ausdifferenzierung der Gesellschaft und der Herausbildung von Ämtern sah man das Maß an Göttlichkeit mit den Führungsfunktionen und den Ämtern untrennbar verbunden. Die (postume) Vergöttlichung der Heroen der Frühzeit ist, ebenso wie die Gottesstellvertretung der Herrscher, aus dieser Vorstellung zu erklären. Wohl mit einer gewissen zeitlichen Verzögerung wurde auch die Struktur der gesellschaftlichen

Ordnungen in die Götterwelt übertragen. Wie der Herrscher so entfernten sich auch die großen Götter vom Einzelnen. Ein beliebtes Bildthema ist daher die Einführung des Beters durch eine niedere Gottheit vor einem thronenden Gott. Für die Mesopotamier lief der Erklärungsweg allerdings umgekehrt. Die irdische Ordnung von der Stadt über die Tempel und den Hof bis zu Stamm und Familie war nur ein Abbild, allenfalls die Entfaltung eines schon seit Urzeiten (bei den Göttern) vorhandenen Konzepts. Deshalb kommt auch der Rede von Ursprüngen, der Mythologie, in fast allen Bereichen des mesopotamischen Schrifttums eine so große Bedeutung zu. Dieser Ursprungsbezug ist Garant für die gesellschaftliche Stabilität, ja für alle Formen von Sicherheit.

5.3. Vom mesopotamischen Denken

Der mesopotamische Weltzugang bleibt uns deswegen so schwer verständlich, weil unser Denken eng mit einem ausschließenden Wahrheitskonzept operiert. Das Entweder–Oder ist ein operatives Verfahren, das im Alten Orient allenfalls eingeschränkte Gültigkeit besaß. Ein Sachverhalt war nicht einfach «so» *oder* «so»; nicht das Ausschlussverfahren stand im Vordergrund, sondern ein «Anhäufungsverfahren». Nach diesem Prinzip kam man einem korrekten Verständnis der Welt desto näher, je mehr zutreffende Aussagen man über ein Phänomen machen kann. Ein Beispiel dafür bietet jene für uns unlösbare Frage, wie die Statue des Sonnengottes mit der Sonne identisch sein kann, wie diese Statue wie eine Person atmen, essen und schlafen kann – und gleichzeitig als Sonnengott vom Himmel den Tag erhellt. Dies war für die Mesopotamier keinesfalls ein Widerspruch, und die Vernachlässigung der Versorgung des Gottes(-Bildes) hätte ohne Zweifel zu Katastrophen geführt. Dieses additive Denken der Mesopotamier bildet auch den Hintergrund aller mesopotamischen Wissenschaft. Diese ist deshalb nicht einfach «zurückgeblieben», sondern eher praktisch orientiert. Wir können diesen Ansatz vielleicht besser verstehen, wenn wir uns vor Augen halten, dass auch wir in vielen Fällen ähnlich handeln. In den Gesellschaftswissenschaften, der Medizin oder der Psychologie besitzen wir nicht selten konkurrierende Erklärungsmodelle, weil wir die vielfältigen Ursachen und Wirkungen oft nicht zu isolieren vermögen. Dennoch war die Systematik der mesopotamischen Wissenschaft nicht fremd. Kategorisieren und Sammeln bilden seit frühester Zeit geradezu ihren Kern. Dafür ist die mesopotamische Listenwissenschaft seit den Uruk-Texten das augenfälligste Beispiel.

5.4. Vom Menschenbild

Die Vorstellung von Erbanlagen, Charakter, Erziehung und dergleichen bestimmen unser Bild von einer Person. Ganz ähnlich war ein Individuum im Alten Orient aus vielen Teilen zusammengesetzt. Zwar gab es auch ein wichtiges, aber rätselhaftes Selbst, die «Lebenskraft», jenes Prinzip, das den Einzelnen bewegte und konstituierte. Wichtiger aber waren zunächst jene Elemente, die ihn einbanden in Natur und Gesellschaft. In diesem Sinne ist die Kulturgeschichte des 3. Jahrtausends außerordentlich aufschlussreich. Erst nach und nach tritt der Einzelne in den Vordergrund der Geschichte. Ein gutes Beispiel dafür bietet die Entwicklung während der Akkad–Zeit. Die Vergöttlichung des Herrschers Naram-Sîn hat individualistische Züge. Es ist ausschließlich seine Person, seine Tüchtigkeit, nicht etwa das Herrscheramt an sich, weshalb er in göttlichen Rang erhoben wird. Ähnliche Entwicklungen lassen sich auch im Bereich von Wirtschaft, Recht, Kult und Literatur beobachten. Hier wird die Rolle des Individuums gleichfalls zunehmend betont. Auch in bildlichen Darstellungen wird der Einzelne mehr und mehr herausgehoben. Diese Individualisierung bewirkt zwar auch ein persönlicheres Verhältnis zu den Göttern; auf der anderen Seite wird man sich aber auch des Abstandes zu ihnen bewusst. Die Bedeutung von Vermittlern, persönlichen Gottheiten und anderem religiösen Hilfspersonal steigt und spiegelt sicher auch politische Verhältnisse wider. Damals hatte ein neues Denken in Mesopotamien dauerhaft Einzug gehalten. Gudea und die neu-

Abb. 16: Stelenbruchstück; Gudea wird von zwei Göttern vor eine thronende Gottheit geführt.

sumerischen Herrscher konnten mit ihrem traditionalistischen Programm diese Entwicklung kaum aufhalten, geschweige denn umkehren.

5.5. Familienstrukturen

Über die Familienstrukturen der Frühzeit wissen wir noch sehr wenig. Da die Götterwelt erst im Laufe des 3. Jahrtausends in Genealogien und Familien organisiert wurde, liegt die Vermutung nahe, dass auch das Modell der altakkadischen oder der neusumerischen Familie sich von Früherem unterschied. Jedenfalls ist zu bezweifeln, dass das Konzept der männlichen Erbfolge von Anfang an dominierend gewesen ist. Das Bild einer patriarchalischen Gesellschaft im Alten Orient müssen wir für die hier behandelte Epoche mit vielen Fragezeichen versehen. Diese resultieren vom Weiterleben einer Herrscherlegitimation über die weibliche Linie bis hin zur nachweislich bedeutenden und einflussreichen Stellung von Frauen in Wirtschaft und Kult.

Abb. 17: Statuette eines sich umarmenden Paares – aus dem Tempel der Liebesgöttin Inana in Nippur

Auch im Rechtsleben spielten viele Frauen im Verhältnis zu Männern eine annähernd gleichberechtigte Rolle. Einflussreiche oder vermögende Familien besaßen oft weibliche und männliche Sklaven und Sklavinnen, die von den so genannten ‹Tempelsklaven› genau zu unterscheiden sind. Der Umfang der Schuldsklaverei aus ökonomischen Gründen lässt sich für das 3. Jahrtausend nicht abschätzen. Die durchaus wahrnehmbare Dominanz des Mannes im politischen Raum dürfte mit der zunehmenden Bedeutung der Kriegs- und Arbeitsmilizen zusammenhängen.

5.6. Eros und Hochzeit

Frühdynastische Trinkszenen zeigen oft eine Begegnung zwischen einem männlichen und einem weiblichen Partner. Hintergrund dessen wird nicht selten eine Hochzeit gewesen sein. Ohne Zweifel besaß die Bindekraft von Eros und Liebe einen hohen Stellenwert, auch ohne dass dabei immer auf den Gedanken an Fortpflanzung rekurriert werden musste. Dies spiegelt sich in den Götterhochzeiten, wie sie etwa unter Gudea jährlich rituell wiederholt wurden. Die so genannte ‹Heilige Hochzeit› zwischen Herrscher und einer Hohenpriesterin schob sich am Wechsel zum 2. Jahrtausend in den Vordergrund und ist in der gleichzeitigen hymnischen Literatur gut bezeugt. Eine Reihe von Liebesliedern, die König Schu-Sîn zugeschrieben wurden, bietet ein treffliches Bild dieser Feier des Eros. Bemerkenswert ist, dass diese Texte in der ‹Frauensprache› – einer von Frauen gesprochenen Form des Sumerischen – abgefasst sind. Folgendes Lied der Partnerin des Königs, wahrscheinlich Schu-Sîns Gemahlin Abi-simti, zeigt die Frau als erotisches Subjekt:

> «*Bräutigam nach meinem Herzen, mein Geliebter,*
> *Dein Zauber ist wunderbar, wie Honig süß!*
> *Held(?) nach meinem Herzen, mein Geliebter,*
> *Dein Zauber ist wunderbar, wie Honig süß!*
>
> *Du hast mich gepackt; von selbst komme ich zu Dir,*
> *Bräutigam, ich will mit Dir weglaufen zu meiner Liegestätte!*
> *Du hast mich gepackt; von selbst komme ich zu Dir,*
> *Held(?), ich will mit Dir weglaufen zu meiner Liegestätte!*
>
> *Bräutigam, wunderbare Sachen will ich für Dich machen,*
> *Mein Wunderbares und Wertvolles will ich Dir in Honig bringen(?)!*
> *In der Bettkammer, in tropfendem Honig, wollen wir uns (an)*
> *Deinem wunderbaren Zauber erfreuen!*
> *Held(?), wunderbare Sachen will ich für Dich machen,*
> *Mein Wunderbares und Wertvolles will ich Dir in Honig bringen(?)!*
>
> *Bräutigam, Du bist von meinem Zauber hingerissen,*
> *Sag's meiner Mutter! Sie wird mich selbst Dir geben!*
> *Meinem Vater gib(!) Geschenke!*
>
> *Wo sich Dein Gemüt beruhigt, weiß ich,*
> *Bräutigam, bis zur (Morgen)kühle schlafe in unserem Haus!*
> *Wo sich Dein Herz erfreut, weiß ich,*
> *Held(?), bis zur (Morgen)kühle schlafe in unserem Haus!*

Du, nachdem Du mir Deine Liebe erwiesen hast,
Held(?), wenn Du mir nur Deine wunderbaren Sachen machen würdest!
Herr, mein Gott! Herr, mein Schutzgeist!
Mein Schu-Sîn, der Du für Enlils Herz wunderbar bist!
O wenn Du mir nur Deine wunderbaren Sachen(!) machen würdest!
Dein wie Honig süßer ‹Platz›, wenn Du mich nur berühren würdest!
Wie den Deckel(?) eines Messgefäßes lege mir die Hand darauf,
Wie den Deckel(?) eines alten Messgefäßes spreize mir die Hand darüber!»

5.7. Synthese als Hypothese

Das in diesem Büchlein entworfene Bild weicht in einigen Punkten von Bekanntem ab. Daraus ergibt sich die Frage, ob die Fragestellungen der Forschung immer materialadäquat waren. Der Gegensatz von Tempel und Palast etwa, der später die mesopotamische Geschichte und vor allem deren Geschichtsschreibung so stark beeinflusste, fand seine Ausformung wohl erst in der Folge des altakkadischen Staatskonzeptes. Die überragende Rolle der großen Institutionen – der so genannten Tempel – scheint eindeutig. Historisch entstanden sind auch die Bedeutung des Individuums und die Zentrierung des geschichtlichen Handelns auf einzelne Herrscherpersönlichkeiten. Die Herausbildung des individualisierten Eigentumsbegriffes wurde durch Schriftverwendung deutlich gefördert. Damit einher ging sicher die Entwicklung von marktorientierten Austauschbeziehungen. Auch wenn ihre wirtschaftliche Bedeutung schwer zu bewerten ist, so kann ihre Existenz sinnvoller Weise nicht mehr bezweifelt werden. Ähnliches gilt für das Erbrecht, das sich in diesem langen Zeitraum herausbildete. Diese Themenfelder sind aber nicht mehr als ein unvollständiger Katalog von Forschungsbereichen, die weiterer Bearbeitung harren.

5.8. Wozu Geschichtsschreibung?

Gegenstand dieses Buches war der Versuch einer vorläufigen Synthese der mesopotamischen Geschichte, Kultur und Religion im 3. Jahrtausend. Beabsichtigt war, nicht nur einen Überblick über die Ereignisgeschichte zu geben, sondern auch zu zeigen, dass sich die Fakten, der unabdingbare Kern jeder Geschichtsschreibung, nicht selbst erklären und dass unsere heutigen Verständniskategorien nicht universell sind. Vorannahmen sind lebensnotwendig – nichts Anderes gilt für die Hypothesen wissenschaftlicher Forschung. Auch da, wo uns die mesopotamischen Probleme vertraut erscheinen, befördert die wissenschaftliche Bearbeitung der Vergangenheit genau jene für unser individuelles und gesellschaftliches Verständnis und Handeln so zentrale Aufgabe: die Arbeit der Modellbildung und der (methodischen) Kritik. Die Erforschung des altmesopotamischen Materials fordert uns heraus, dem Anderen, in unserem Falle dem Vergangenen, Sprache zu verleihen; so können wir über die Affirmation des Immergleichen hinausweisen. Wir setzen somit nicht nur Kreativität frei, wir verweisen auch auf die not-

Abb. 18: Mesopotamische Geschichtsschreibung: Ausschnitt aus einer Sammeltafel mit altakkadischen Königsinschriften

wendige Bescheidenheit. Die Einsicht in die Bedingtheit unseres Erkennens, letztlich auch der (wissenschaftlich begründeten) Selbsterkenntnis, ist nicht das geringste Ziel einer verantwortungsvoll betriebenen Geschichtsschreibung. Die Beschäftigung mit Geschichte bietet weder Rezepte zur Zukunftsbewältigung noch für eine postmetaphysische Errettung. Wir brauchen die Geschichte und die Auseinandersetzung mit ihr in allen Epochen; dies ist Teil des großen Projektes der Aufklärung. Ob es je zu einem positiven Abschluss geführt werden kann, mag offen bleiben. Doch unabhängig davon gilt: Der Geschichte kann niemand entrinnen.

Zeittafel

[Absolute Daten nur Näherungswerte]

Jungsteinzeit, **Kupfersteinzeit**	Vorratswirtschaft; Domestikation; Großsiedlungen; Keramik-Anfänge; Siegel	15000–6500
Obed-Zeit (0–5)	Einzelsiedlungen; ‹Mittelsaalhaus›; Keramik; Anfang der Oberflächenbewässerung	ca. 6500–3900
Früh-Uruk, Mittel-Uruk	Oberzentren (Stadt); iranische Kontakte; Rollsiegel	ca. 3900–3400
Spät-Uruk	Expansion; Schrift; Großarchitektur, -Plastik	ca. 3400–3100
Dschemdet Nasr	Regional-Zentren	ca. 3100–2900
Frühdynastisch I-III	Partikularisierung; Städtebünde	ca. 2900–2340
Ur	Verwaltungstexte; erste Herrschernamen; Weihinschriften;	ca. 2700
	«Königsgräber»	ca. 2550
Fāra-Abu Salabich	Verwaltungsurkunden; Listen; Literatur	ca. 2520
Lagasch I. Dynastie	Dynastische Herrschaft	ca. 2480–2350
Ur-Nansche	Staatsgründer	ca. 2480?
E'anatum	Eroberer	ca. 2450
Enmetena	«Sumerisches» Königtum; Vertragspolitik	ca. 2410
Uru-inimgina/ Iri-KA-gina	Staatskrise; Restaurator	bis ca. 2350
Enschakuschana/ Uruk	Einigungsversuch von Sumer	bis ca. 2345
Lugalzagesi	Kurze Einheit Sumers (v. Umma und Uruk)	bis ca. 2340
Akkad-Zeit	Zentralstaat; Individualisierung; Akkadisierung; Verrechtlichung; Familien- u. persönliche Loyalität	2340–2200
Sargon	Begründung der Reichseinheit	2324–2279
Naram-Sîn	Triumphator; Vergöttlichung	2254–2200

Zeittafel

Gudea-Zeit	Sumerische Renaissance	ca. 2150–2100
Gudea	«Friedensfürst»	2122–2102
Ur III-Zeit	Zentralstaat; Bürokratisierung	2112–2004
Ur-Namma	Gesetzgeber; Reorganisator	2112–2095
Schulgi	Macht- und Prachtentfaltung	2094–2047
Amar-Suena		2047–2038
Schu-Suen	Versuch in Absolutismus	2037–2028
Ibbi-Sîn	Rapider Verfall des Reiches	2028–2004
Isin – Ischbi-Erra		2017–1985
Dynastien v. Isin-Larsa	Amurritische Dynastien;	2017–1763
oder frühaltbab. Zeit	Kampf um Vorherrschaft;	
Hammurapi	Zentralstaat	1792–1750

Literaturhinweise

Die Hinweise beschränken sich auf zusammenfassende Darstellungen.

1. Aruz, Joan, mit Ronald Wallenfels: Art of the Cities. The Third Millennium B. C. from the Mediterranean to the Indus. The Metropolitan Museum of Art, New York, Yale University Press: New Haven and London, 2003.
2. Bauer, Josef: Der vorsargonische Abschnitt der mesopotamischen Geschichte. In: Josef Bauer – Robert K. Englund – Manfred Krebernik, Mesopotamien. Spätüruk-Zeit und Frühdynastische Zeit. Annäherungen 1 (P. Attinger, M. Wäfler, Hrsg.), Orbis Biblicus et Orientalis 160/1, Universitätsverlag Freiburg, Schweiz, Vandenhoeck & Ruprecht, Göttingen 1998, S. 429–585.
3. Edzard, Dietz Otto: Geschichte Mesopotamiens. Von den Sumerern bis zu Alexander dem Großen. C. H. Beck: München 2004.
4. Englund, Robert K. 1998: Texts from the Late Uruk Period. Siehe Nr. 1, S. 13–233.
5. Kaiser, O. (Hrsg.): Texte aus der Umwelt des Alten Testaments. Bd. I-III, Gütersloher Verlagshaus, Gütersloh 1982 ff.
   Deutsche Übersetzung von wichtigen Quellen aller Keilschriftepochen. Band I: Rechts- und Wirtschaftsurkunden/Historisch-chronologische Texte; Band II: Religiöse Texte; Band III: Weisheitstexte, Mythen, Epen.
6. Krebernik, Manfred: Die Texte aus Fāra und Tell Abu: Ṣalābīh. Siehe Nr. 1, S. 235–427.
7. Nissen, Hans J.: Geschichte Altvorderasiens. Oldenbourg Grundriß der Geschichte. 25. R. Oldenbourg Verlag: München 1999.
   Umfangreiche, thematisch gegliederte Literaturverweise.
8. Oppenheim, A. Leo: Ancient Mesopotamia: Portrait of a Dead Civilization. Chicago University Press: Chicago, London ²1977.
   Die beste Einführung in Kultur und Geschichte des Alten Mesopotamiens.
9. Sallaberger, Walther: Ur III-Zeit. In: Walther Sallaberger – Aage Westenholz, Mesopotamien. Akkad-Zeit und Ur III-Zeit. Annäherungen 3 (P. Attinger, M. Wäfler, Hrsg.), Orbis Biblicus et Orientalis 160/3. Universitätsverlag Freiburg, Schweiz, Vandenhoeck & Ruprecht, Göttingen 1999, S. 119–390.
10. Westenholz, Aage: The Old Akkadian Period: History and Culture. Siehe Nr. 9, S, 15–117.

Nachweis von Abbildungen und Zitaten

Nachweis ausführlicher zitierter Quellen: [S. 7 f.] A. L. Oppenheim, Ancient Mesopotamia, S. 28; [S. 17] [1] Ent. 45–73, 2:4–10, [2] Ukg. 4, 12:29–33, [3] RIME 2, 86 (t), [4] RIME 3/2, 92–94; [S. 17] Ent. 1, 1–14; [S. 18 f.] Th. Jacobsen, Sumerian King List, 71. 77. 85; [S. 37] Y. Sefati, Love Songs, 247–256; [S. 47] G. J. Selz, CRRAI 35, 191 f. mit Anm. 13; [S. 50 f.] Ent. 28 1:1–2:3; [S. 52] Urn. 24 3:3–6; [S. 52] Ean. 1 5:13–17 bzw. Ean. 2 6:2–5; [S. 53] Ean. 1 4:18–5:17; [S. 53] Ent. 32 1:2"-8"; [S. 54] Lukin. 2 4–11; [S. 54] Ent. 79 5:4–6:6; [S. 60] Ukg. 4 7:5–11 und 4 7:26–28; [S. 60 f.] Ukg. 4 9:7–21; [S. 61] Ukg. 4 11:20–31; [S. 61 f.] Ukg. 4 11:32–12:11; [S. 64] RIME 2, 11 f.; [S. 65] J. G. Westenholz, Legends 39; [S. 66] J. G. Westenholz, a.a.O. 77; [S. 66 f.] J. G. Westenholz, a.a.O. 129 ff.; [S. 67 f.] A. Zgoll, Rechtsfall der En-ḫedu-ana, AOAT 246, 3; [S. 68 f.] A. Sjöberg, in-nin-šà-gur₄-ra, ZA, 65, 179. 189–191; [S. 72] RIME 2, 113 f.; [S. 79 f.] vgl. G. J. Selz, AoF 21 (2001) 17 f.; [S. 80 f.] RIME 3/1, 33 ff.; [S. 84 f.] J. van Dijk, Lugal ud I, 111–113; [S. 85] RIME 3/1, 35 f.; [S. 91] E. Flückiger-Hawker, Urnamma 211–213; [S. 93] E. Flückiger-Hawker, a.a.O. 128 f.; [S. 95] RIME 3/1, 102 f.; [S. 97] G.R. Castellino, Šulgi Hymns 261; vgl. jetzt RIME 3/1, 103; [S. 98 f.] P. Michalowski, Royal Correspondance 155–156; [S. 99] vgl. G. J. Selz, Gs Cagni, 967 f.; W. Sallaberger, OBO 160/3, 162; [S. 102] P. Michalowski, Royal Correspondance 224–233; [S. 104 f.] P. Michalowski, a.a.O. S. 243–255; [S. 105 f.] P. Michalowski, Lamentation 37; [S. 106] P. Michalowski, a.a.O. 59; [S. 113 f.] vgl. Y. Sefati, Love Songs, 353–359.

Bildquellennachweis: Umschlagseite vorne: Karte «Sumer und Akkad» – das Kerngebiet; Umschlagseite hinten: Karte Naher Osten, nach D. Charpin, N. Ziegler, Florilegium Marianum V (Mémoirs de N.A.B.U. 6) S. 28; Karten adaptiert von K. Wagensonner, Krems.

Abb. 1: A. Moortgat, KAM Taf. A (6); – Abb. 2: B. Hrouda, Der Alte Orient 273; – Abb. 3: nach J.-J. Glassner, Écrire à Sumer S. 255, adaptiert von Selz/Wagensonner; – Abb. 4: J. Aruz 2003: 60, Fig. 25.; – Abb. 5: H. Nissen, Grundzüge 107; – Abb. 6: W. Orthmann, PKG (69); – Abb. 7: E. Strommenger, Mesopotamien (21); – Abb. 8: A. Moortgat, KAM (26); – Abb. 9: L. Woolleys Rekonstruktion einer Gefolgschaftsbestattung in Ur. J. Aruz 2003: 94 Fig. 32.; – Abb. 10: E. Strommenger, Mesopotamien (92); – Abb. 11: A. Moortgat, KAM (155); – Abb. 12: A. Moortgat, KAM (167); –Abb. 13: A. Moortgat, KAM (170); – Abb. 14: E. Strommenger, Mesopotamien (124); Abb. 15: J. Aruz 2003: 444 (317); – Abb. 16: J. Aruz (2003) 437 Fig. 311; – Abb. 17: B. Hrouda, Der Alte Orient 218; – Abb. 18: L. Legrain. PBS, Plate IV (Ausschnitt).

Register

(Zusammengestellt von Klaus Wagensonner)

I Personennamen

A'anepada 47
A'ungdu (zuvor Akalamdu) 47
Abi-simti 101, 113
Aka (oder Aga) 44
Amar-Girid (vgl. Lugalane) 68
Amar-Suena 98, 100 f.
Apilascha 98
Apil-k²n 75
Aradngu 98
Assurbanipal 82

E'anatum 52 f.
Enanatum (I.) 17, 51, 53
Enanatum II. 55
Enentarzi 55
Enhedu'ana 67 ff.
En-me(n)-baragesi 19, 44
Enmerkar 30, 43, 65
Enmetena 17, 50, 53 ff.
Enschakuschana 63
Erridu-pizir 74

Gilgamesch 30, 43, 65, 87
Grotefend, Georg Friedrich 9
Gudea 76 ff., 85, 91, 110 f.

Hammurapi 11

Ibbi-Sîn 98, 102 ff., 106
Ischbi-Erra 99, 103 ff.

Kutik-Inschuschinak
  (oder Puzur-I.) 92

Lugalanda 55, 58
Lugalane 68
Lugalbanda 30, 43, 53, 65
Lugalkineschdudu 17
Lugalzagesi 51, 63, 65, 69

Manischtusu 70 f., 74
ME-baragesi 19, 44
Mesalim 44, 50 f.
Mesanepada 47
Mesungdu (zuvor Meskalamdu) 47

Namahani 76
Namhani (von Umma?) 86
Naram-Sîn 17, 66 ff., 71 f., 75, 99, 110
Ninalla 76 f.
Nininimgina 77

Oppenheim, A. Leo 7
Oppert, Jules 9

Pu-abum 47
Puzur-Aschtar 73
Puzur-Schulgi 104

Rimusch 70, 74

Sargon von Akkad 50, 63 f., 65 ff., 75
Sasa 56, 60
Scharkalischarri 72 f.
Scharrum-bani 102
Schu-ilischu 105
Schulgi 17, 78, 91, 93 ff.

Schulgi-simti 99
Schu-Sîn (Schu-Suen) 101 f., 113

Taram-Uram 98, 100
Thureau-Dangin, François 9, 76
Tirigan 87

Ur-Baba 76 f., 80, 86
Ur-GAR 77, 86
Ur-Lumma 51
Ur-Namma 75 f., 87, 88 ff., 99
Ur-Nansche 17, 18, 50 ff., 77
Ur-Ningirsu 86
Uru-inimgina (/Iri-KA-gina) 17, 51, 55 f., 59 ff., 91, 93
Ur-Zababa 65
Utuhengal 86 f., 88 f.

Woolley, Leonard 45

II Götter- und Ortsnamen

Abu Salabich 26, 47, 49
Adab 43, 47, 58, 80, 87, 101
Adamdun 103
Akkad 64, 72
Akschak 52, 73
Amanus 12, 73, 80
Amurru 66
An 67 f., 83
Anschan 79, 97 f., 105
Anuna-Götter 68
Aratta (ostiranisches Bergland) 43
Arba'il (Urbilum) 74, 100
Asakku 83
Awan 103

Baba (Ba'u) 61, 81
Babylon 11, 73
Babylonien 11
Badtibira 54
Baschime 98

Çatal Hüyük 14

Der 44, 58, 94 f., 97
Dijāla 11, 22, 28, 94, 97 f.
Dilmun (Insel Bahrain) 58
Dschebel Bischri 71, 73, 81
Dschebel Hamrin 81
Dschemdet Nasr 42
Dumuzi 37

E'ana (Tempelbezirk in Uruk) 19, 32, 35, 39, 41, 53, 72
Ebla 65, 75, 80
Eden 8
Ekur (Tempel des Enlil in Nippur) 73
Elam 13, 52, 58, 65, 70, 79, 89
Eninnu (Tempelkomplex von Girsu) 78 f., 81, 85 f.
E-Nin-MAR.KI s. Gu'aba
Enki 100
Enlil 50 f., 53 f., 65, 69, 71, 74, 78, 82 f., 87, 95, 100, 103, 106
Eridu 15, 18, 80 f., 89, 100, 103
Erbil s. Arba'il (Urbilum) 74, 100
Eschnuna 101
E-temen-niguru (Tempel des Mondgottes in Ur) 89

Fāra (Schuruppak) 17, 47 f.

Gatumdu(g) 52, 77
Girsu 9, 17, 43, 50, 55, 77, 81, 94, 101, 106
Gu'aba 77, 106
Gutium 74, 87

Hīt 12
Huzestan 13, 15

Inana 27 f., 35, 37, 52, 67 ff., 89, 93, 103
Ischtar (oder Aschtar) 69, 72
Ischtarān 50, 95

Isin 104 f.
Iturungal(-Kanal) 87, 90

Karkemisch 66
Karun 13
Kazallu 95, 104, 106
Kisch 18, 19, 40, 42 ff., 52, 64 f., 72
Kullaba 87
Kutha 94

Lagasch 9, 17, 18, 43 f., 47, 49 f., 52, 54 f., 58, 60, 74, 76 ff., 80 ff., 88, 90, 96, 104
Larsa 54
Lugalemusch 54

Madga 74, 81
Magan 79, 84, 90
Marada 106
Marhaschi 98
Mari 47, 52, 65, 75, 98, 103 f.
Meluhha 81
Mossul 15

Nannagugal-Kanal 90
Nanna(-Su'en) 89, 94, 103, 106
Nansche 77, 86
Nergal 94
NINA (oder Nimin)-Siraran 50, 77, 81
Ningirsu 17, 50, 52 f., 55, 60 f., 79, 81, 85
Ninhursanga 53, 94 f.
Ninive 9
Ninlil 92, 100, 103
Nin-Schuschinak 94
Nin-suna 53
Nintu 106
Ninurta (s.a. Ningirsu) 82 ff., 94, 100
Nippur 28, 47, 53, 58, 65, 69, 71 ff., 78, 80 ff., 87, 89, 94, 100, 103 f.
Numuschda 95

Oman 70

Puruschchanda 66
Puzrisch-Dagan (Drehem) 95 f.

Schara 50
Schaschrum 100
Schimaschki 101
Schulschagana 61
Simanum 101
Simurrum 65 f., 74
Sinear 8
Subartu 66
Susa 13, 15, 25, 94, 103
Susiana 13, 41

Tilmun (Bahrain) 81

Umma 43 f., 47, 50, 52, 58, 63, 88, 96, 104
Ur 43 ff., 51, 54, 67 f., 74, 80, 88 ff., 100 f., 103, 105
Urbilum s. Arba'il
Uruk 15, 25, 30, 31 f., 34 f., 38, 40 ff., 47, 54, 58, 63, 68, 72, 80 f., 86, 89, 100
Uru-Schulgi-sipakalama 78
Utu 54

Zabalam 106
Zabschali 101, 103
Zagros 11, 12, 13, 96

III Sachregister/Begriffe

Ackerbau 57
Akkad-Zeit 48, 63 ff., 75, 107
(Alt-)Akkadisch 9, 26
Amurriter 71 ff., 81, 102, 104
Außenhandel 58 f., 66, 90

bala (Amtsperiode) 17, 96
Bankettszene 46, 111
Baumaßnahmen 33
Bestattungspraxis 42, 45
Bewässerung 12, 107

Register

Bodenschätze 12
Briefliteratur 28, 74, 104

Chronologie 16, 17, 19, 70
Codex Ur-Namma 86, 88, 90
Codex des Hammurapi 91

Diorit 70, 79, 83 f.
Dschemdet Nasr-Zeit 16, 26 f., 34, 41 f., 47

Elamer 104, 106
Elamisch 9
EN («Priesterfürst») 35, 37, 42
Erbfolge 18
«Eridu-Hadschi Mohammed-Horizont» 15

Familienstrukturen 111
Fernhandel 33
Fischerei 58
«Frauenhaus» (Baba-Tempel) 55
Frühdynastische Zeit 27 ff., 42 ff.

Gartenbau 57 f.
Gefolgschaftsbestattungen 47
Geierstele 52
Gerste 48, 57, 59
«Gilgamesch und Aka» 40, 44
Gilgamesch-Epos 41, 43, 82
«Glockentöpfe» 31
Götterlisten 40
Götterstatuen 51, 94, 109
«Gotteskindschaft» 52, 77
Der «Große Aufstand» unter Naram-Sîn 71 f.
Großplastik 38
Großsiedlungen 13
Gründungsbeigaben 29
Gudea-Dynastie 76 ff.
Gudea-Statuen 80 f., 84
Gutäer 73 f., 75, 87, 89, 94, 103 f.

«Halaf-Kultur» 15
«Heilige Hochzeit» 37, 52, 113

Heiratspolitik 97 f.
«Himmelfahrt» 99 f.
Holzwirtschaft 58
Hymnen 30, 88, 91, 95, 97, 99, 113

Infrastruktur 90, 85
Inschriften (auch Königsi.) 19, 28 f., 51 f., 53, 63, 73 f., 76 f., 79, 81, 85, 91, 101

Jahresnamen 73, 88, 91, 101
Juristische Texte 28, 88

Kalender 19, 88, 95, 100, 107
Kaufurkunden 48 f., 88
Keilschrift (Entzifferung) 9
Keramik 15
Ki'engi 48
Koalition 42, 47
«König der vier Weltgegenden» 92
«König des Alls» 64
«König von Kisch» 44, 47, 64
«König von Sumer und Akkad» 89
«König von Ur» 47
«Königsgräber von Ur» 44 ff.
Königslisten 18
Kudurru (Feldstein) 49
Kultwandel 39

Lexikalische Listen 26 ff., 39, 110
Liebeslieder 113 f.
Listenwissenschaft s. Lexikalische Listen
Literarische Texte 49, 88, 100
Lullubäer 74

Maße und Gewichte 65, 88, 91, 95, 107
me 67 f.
Militär 40
«Mittelsaalhaus» 15
Monatsnamen 19

Nameschda («Herr der Keule») 39
Neolithische Revolution 13

Nesang (~ Erntedankfest; Monat Nissan) 37
Neulichtfest 69
«Ninurta und die Steine» 82 ff.
Nomadismus 21

«Obed-Horizont» 15
Obed-Zeit 15
Omina 100

«Palast» 48
Pfründe 54
Planwirtschaft 55 ff.
Privateigentum 60 ff., 113
«Privatwirtschaft» 61 f.

Reformen 95, 101, 107
Regenfeldbau 21
«Reichseinheit» 47, 54, 78, 105
Restaurationsedikte 55, 60 f., 91
«Riemchengebäude» (im E'ana-Heiligtum von Uruk) 38 f.
Rollsiegel 24, 31, 39

«Samarra-Hassuna-Kultur» 15
Schicksalsentscheidung 83 f., 93
Schiffsprozession 50, 77
Schöpfungsmythologie 78
Schöpfungstexte 34, 83
Schrifterfindung 8, 23 ff.
Schuldknechtschaft 59 f.
Schulausbildung 107
«Schultexte» 27
Sesshaftigkeit 13
Silber 59
Späturuk-Zeit 16, 19, 25 ff., 31 ff., 41 f., 47
Staatskult 51
Stadt 33 f.
Stadtgottheit 34
Städteklage 105 f.
Städtesiegel 41 f.
Standarte von Ur 55
Statuenkult 85 f., 99

Stempelsiegel 14
Steuern und Abgaben 96
«Sumer und Akkad» 11, 88
Sumerisch 9, 26, 88, 105
Sumerische Königsliste 43 f., 50, 65, 70 f., 74, 76, 86
Symposium 55

Tauschagenten 58
Tempel 33
Tempelhymnen 69, 81 f., 99
«Tempelsklaven» 59, 112
Tidnu(m)-Nomaden (Amurriter) 94, 102
Totenkult 85 f.
«Tribut-Liste» 27

UKKIN («Vorsteher der Milizen») 39 f.
Ur III-Zeit 18, 30, 50, 53, 58, 87 ff., 107
«Ur-Nammas Tod» 92
Uruk-Vase 34 ff.
«Uruk-Weltsystem» 16, 34
Uruk-Zeit 15, 31, 39 f., 56

Verfügungsrechte 57, 60, 78
Vergöttlichung 66, 71 f., 86, 93, 99, 108
Vertrag 54
Verwaltungstexte 27 f., 42, 44, 50, 55, 60, 73, 95, 100, 103
Viehwirtschaft 58
Vorratswirtschaft 13, 14

Wegestationen 90
Weihinschriften 28 f., 49 f., 55, 87 f., 90, 93
«Weisheitsliteratur» 30
«Wie der Himmel geschaffen» 82

Zählmarken (/Zählsteine) 14, 24, 25
Zeder 73, 80
Ziqqurrātu 33, 89

Frühe Hochkulturen bei C.H.Beck –
eine Auswahl

Eva Cancik-Kirschbaum
Die Assyrer
Geschichte, Gesellschaft, Kultur
2003. 128 Seiten mit 6 Abbildungen und 2 Karten. Paperback
(C.H.Beck Wissen in der Beck'schen Reihe Band 2328)

Alexander Demandt
Die Kelten
5. Auflage. 2005. 128 Seiten mit 13 Abbildungen. Paperback
(C.H.Beck Wissen in der Beck'schen Reihe Band 2101)

Barthel Hrouda
Mesopotamien
Die antiken Kulturen zwischen Euphrat und Tigris
Unter Mitarbeit von Rene Pfeilschifter
4. Auflage. 2005. 126 Seiten mit 14 Abbildungen,
2 Karten und 2 Zeittafeln. Paperback
(C.H.Beck Wissen in der Beck'schen Reihe Band 2030)

Michael Jursa
Die Babylonier
Geschichte, Gesellschaft, Kultur
2004. 128 Seiten mit 6 Abbildungen und 2 Karten. Paperback
(C.H.Beck Wissen in der Beck'schen Reihe Band 2349)

Stefan M. Maul
Das Gilgamesch-Epos
2005. 192 Seiten mit 12 Illustrationen. Leinen

Hermann A. Schlögl
Das Alte Ägypten
2., durchgesehene Auflage. 2005. 144 Seiten mit 2 Karten. Paperback
(C.H.Beck Wissen in der Beck'schen Reihe Band 2305)

C.H.BECK ■ WISSEN
in der Beck'schen Reihe

Zuletzt erschienen:

- 2209: Rexroth, **Beethovens Symphonien**
- 2307: Rexroth, **Deutsche Geschichte im Mittelalter**
- 2340: Schwerhoff, **Die Inquisition**
- 2341: Riese, **Machu Picchu**
- 2342: Parzinger, **Die Skythen**
- 2343: Halm, **Die Araber**
- 2344: von Brück, **Zen**
- 2345: Müller, **Doping**
- 2346: Fritzsch, **Elementarteilchen**
- 2347: Thamer, **Die Französische Revolution**
- 2348: Schwertheim, **Kleinasien in der Antike**
- 2349: Jursa, **Die Babylonier**
- 2350: Chaniotis, **Das antike Kreta**
- 2351: Müller, **Berg Athos**
- 2352: Rudolph, **Islamische Philosophie**
- 2353: Böhm, **Geschichte der Pädagogik**
- 2354: Höllmann, **Die Seidenstraße**
- 2355: Tuchtenhagen, **Geschichte der baltischen Länder**
- 2356: Hösch, **Geschichte des Balkans**
- 2357: Alt, **Friedrich Schiller**
- 2358: Halm, **Die Schiiten**
- 2359: Braun, **Die 101 wichtigsten Erfindungen der Weltgeschichte**
- 2360: Schön, **Pilze**
- 2361: Wirsching, **Paar- und Familientherapie**
- 2363: Müller-Beck, **Die Eiszeiten**
- 2365: Hutter, **Die Weltreligionen**
- 2367: Schmidt-Glintzer, **Der Buddhismus**
- 2368: Ulrich, **Stalingrad**
- 2369: Vocelka, **Österreichische Geschichte**
- 2370: Stausberg, **Zarathustra**
- 2371: Schmidt, **Das politische System der Bundesrepublik Deutschland**
- 2372: Ehrismann, **Das Nibelungenlied**
- 2373: Schrenk/Müller, **Die Neandertaler**
- 2374: Selz, **Sumerer und Akkader**
- 2375: Kolb, **Der Frieden von Versailles**
- 2376: Gruber, **Wolfgang Amadeus Mozart**
- 2377: Maier, **Stonehenge**
- 2378: Wolf, **Die UNO**
- 2379: Demel, **Der europäische Adel**
- 2380: Theml, **Krebs und Krebsvermeidung**
- 2381: Wuketits, **Darwin und der Darwinismus**
- 2383: Auffarth, **Die Ketzer**
- 2384: Bannenberg/Rössner, **Kriminalität in Deutschland**
- 2386: Möhring, **Saladin**
- 2387: Dickmann, **Pompeji**
- 2500: Rümelin, **Paul Klee**
- 2501: Busch, **Adolph Menzel**